上江洲義秀の解答

「気づき」をあなたに

見えないものが見える本

ラウル イクセンバーグと
スピリチュアル研究班◉編

青萠堂

はじめに

私たちは生きている限り様々なことに出会います。あとからふりかえって「あの時の出会いが……」と思われるようなターニングポイントは、人生の中で誰にでもあるのではないでしょうか。私にとって上江洲義秀《うえずよしひで》先生との出会いは、まさにそのようなものになるのではないかと思っております。

それまで沖縄を訪れたことはなく、ノロとユタの区別さえもつかず、沖縄に関しては「リゾートと基地の島」という一般的な印象しかなかった私が、ふとしたきっかけで那覇で行われている先生のセミナーに顔を出させていただくようになって全く違ったものになりました。

不思議なことに沖縄と縁ができる少し前、私は園芸店でどうしても気になる榕樹《がじゅまる》（沖縄特有の熱帯常緑樹）の鉢植えを購入していたのです。

世の中には「超人」ともいえる能力を持ちながら「知る人ぞ知る」という存在として活動されている方がおりますが、先生こそまさにその人という感じがいたします。

先生は生来の能力に加え、十数年間に及ぶ真栄田《まえだ》岬での明想《めいそう》によって「完全覚醒《かくせい》」に至ったといいます。そしてそれ以来、明想指導、ヒーリング、説法の三位一体の活動を数十年にわたり休まず続けてこられました。

活動の舞台は国内はもとより、アメリカ、カナダ、中国、ヨーロッパなどにも及んでいます。

「悟り」「愛」「許し」などスピリチュアルの世界で氾濫している言葉についてさえ、明想を通して根源の世界に至っている先生にとっては、われわれと比べものにならない、より深い思いをもっておられるのが本書の端々《はしばし》でわかります。

それらの解釈にあたっては決して甘くないものもありますが、私たちがこの世を生きていく上での「気づき」を促《うなが》してくれる重要なヒントが、そこに隠されているように感じます。

私は上江洲先生と出会え、深い安らぎのようなものを感じることができました。

皆様にもぜひ味わっていただきたいと思います。

編者

目次

第2章　明想《めいそう》と癒《いや》し―――43

カバーデザイン・熊谷博人
本文デザイン・スタジオねこの手

第1章　心を生《い》かす

この章では、この世の自分のつとめ、簡単にいえば私たちの仕事に対する心がまえ、ものの見方や考え方を少し工夫するだけで、人はどれだけ豊かになれるかについて解き明かしてくださっています。

また、日々の生活の中で自分に向けられる言葉や自分の内から出てくる怒りに対してどのように対応すればよいか、「愛」や「心」がいかに肉体に影響を与え、健康につながっているかについても語っていただいております。

黄金の仕事《つとめ》

問　一定の年齢を迎えると一部の例外を除いて人は「職に就《つ》く」という形をとります。「天職」「適職」という言葉もありますが、私たちは人生の中で自分の「仕事《つとめ》」とどう向きあっていくべきでしょうか。

答　数年前、セミナー先の上海でのことでした。

ある店で出された一杯の中国茶が入った茶碗の中に天女が舞っているのが見えました。特別高級なお茶ではありませんでしたが、その一杯のお茶をたてた方、そして出した方が心をこめていたのがすぐにわかりました。

生け花一つでも生けた方の心がわかるものです。

私はいわゆる学歴というものはないのですが、その代わりに神が与えてくれたのか、例えば文章の書かれた紙の束を両手にはさんだだけでその内容や書いた人の心の中まで読みとれてしまうのです。神が与えてくれた速読法かもしれません。

「仕事」は「死事」ではありません。仕えているのは自分自身であり、その奥にいる神です。目の前の小さなことに心をこめ続けることです。自らの手を通して創り上げられるものによって人が癒され、幸あれと願うのです。

歴史に残る名画や建築物の中でも良い思いで作られたものは、見る人に良い波動を伝えます。そして見る人の心を変えていきます。人を導く立場の人、人を救う仕事に就く人、人のいのちをつなぐ食べ物を作る人は、その与えられた能力や環境の中で全力を尽くすことで「黄金の仕事」となるのです。人を救う仕事に就く方はスキルの他に予期しなかった事への「心の準備」「笑顔」といった要素も大切になってくるのです。

仕事に愛をこめ、真心をこめるとどんなことでもうまくいきます。やがて全人類に幸いをもたらします。

逆に糧の手段として考えるならば、あなたも手段とみられるのです。あなたが思ったこと、なしたことはそのままあなたにかえります。

炎天下を歩き、喉のかわきをうるおすために飲んだ水は胃に落ちてゆくまでに黄金に輝きます。水が飲んでいる人の願いを読みとっているからです。水が水としての仕事を精一杯なしとげようとしているのです。

料理に愛をこめると料理が神そのものになり、それを食した人は健康になります。愛情をこめて作った料理は子供に伝わり、良い子に育ち、あなたは安らぎの中で老いを迎えられるでしょう。

思いも波動、言葉も波動です。言葉を駆使する専門家である漫才師や落語家が人気があるのは、その言霊で人を笑わせ癒すからです。人は感情をゆるませ、解き放たれることを好むのです。「笑い」を習慣化している人は、血糖値や血圧はもとより脳波さえも安定化してしまうことが多いといいます。「笑い」は大いなる癒しであり、優れた処方箋なのです。

全ての中に神がおられ、我は全て、全ては我です。

一枝のもみじ

問　私たちは日々何らかの形で人や出来事との出会いを繰り返しています。そうした関わりの中で「ものをどうみていくか」というのはとても重要なことに思えます。

答　ある方が、一年間毎月お金を積み立てて、楽しみにしていた紅葉狩《もみじが》りをかねた温泉旅行に行きました。かなり前に予約を入れておいたので日程を変更することはできませんでした。

その年はあいにく寒い日が続き、旅行に行ってみると紅葉はすでに終わってしまっていたのです。宿泊先に向かう橋のたもとに紅く濃い色をつけたもみじが一枝だけ残っているのが目に入りました。

その方はその時、「一枝だけでもよく残ってくれた」と思ったでしょうか。それとも「一枝だけか。何てついていない」と思ったでしょうか。

その方は「ああ嬉しい」とあたり一帯「全山紅葉」だった頃のことをイメージできたといいます。

それどころか、その方は一枝からかつて見た京都の東福寺《とうふく》の繊細な紅葉の絶景や清水寺《きよみず》の男性的な紅葉、そして幼い時に山里で見たむせかえるような香りに包まれた紅葉のことを一瞬で思い浮かべたといいます。

地面に落ちた一枚の枯葉を見た時、その一枚が陽の光を浴びて力強い枝の先で青々と繫っていた頃を想像できるでしょうか。また、小さい苗が必死に一本の枝になり、やがて大木に育っていく様を思い描けるでしょうか。

このように、時間をイメージの力で進めたり、逆行させるというトレーニングを試してみてください。

豊かさとは、ほんの小さなできごとからどれだけ多くの情報をイメージすることができるかでもあります。

その想像力は、あなたも周りも豊かにしていくはずです。

一つの形は次元を変えてみると同形にみえたり、近いものにみえたりすることがあります。また角度を変えたり、補助線を引いたり、逆からみたり、さらには視点を複数もったり距離を変えてみることも私たちを豊かにします。さらにはエッシャーなどによる「だまし絵」や「からくりアート」のように常識の盲点をつく作品も、柔軟な思考を養うのに役立つのではないでしょうか。

散歩の途中であなたが一人の老婆を見かけたとします。あなたは遠くからゆっくりと近づいてくるその老婆がまだ若く美しく、はつらつとしていた頃を思い浮かべられるでしょうか。

その方の魂の本質は何ら変わっていないのです。人は皆、年を取ります。あなたが愛するのは若く美しい時の姿、「現象」というものだけでしょうか。

もし、あなたがそうした優しい思いをめぐらせたとしたら、あなたの思いはその老婆に伝わり、本人も気づかないうちに静かに癒されていくのです。思いは届き、そしてあなたにかえっていくのです。

怒りを鎮《しず》める

問　先生は若い頃、短気だったと伺いましたが、私たちは怒りをどう鎮めたらいいのでしょうか。

答　**私たちは「縁《えん》」にふれた時に様々な感情が沸き起こります。**その時に、強い憎しみ、嫉妬、怒りが湧かないようにしなければなりません。**怒りが内にある者は怒りを招き、憎しみが内にある者は憎しみを招くのです。**

一人ひとりの相が異なるように、一人ひとりその内側から湧き出てくるものは違います。もし、心という器《うつわ》が愛で満たされていれば、そこから湧き出てくるものは愛だけです。

そのことを私は命をかけて磨き上げてきました。

私は若い頃、怒りにまかせてガスボンベを投げつけていたほど短気でした。誇れることではありませんが、短気では世界一と自負していたほど怒りをコントロールすることができませんでした。

真理を知らないことは罪です。真理はすべてを自由にします。長い明想という修練の後に、ある瞬間、頭頂のチャクラから光の柱が通り、その時から私は怒ることができなくなりました。怒りが治まるどころか、その感情さえ湧くことがなくなりました。真性意識になれば喜ばしいものが待っています。

変えることを望むならば変えられるのです。

怒りの本質は自他の価値基準の差から生まれる感情のあつれきです。それは自我という欲から出ています。ところが互いの違いを認め「自他一体」を知ることで怒りそのものが消えてしまうのです。

怒りを治め、相手を許すことが何故必要かといいますと、仮に私たちが百人の中の一人を「許せない」と思いますと、私たちの感情が結果的にこの一人に縛られてしまい、かえって思いが増幅してしまうからです。百人すべてを許した時にはじめて私たちの心は安らぎ、自由になるのです。

怒りや恨みの感情で知恵の泉を閉ざしてはなりません。

怒りを人にぶつけようという行動に突き動かされた時に、深呼吸をして怒りを鎮めようとする人もいます。

吸う息は神、吐く息は愛です。

ある人はコップ一杯の水を飲んで怒りを鎮めます。

また、数秒間、目を閉じて鎮める人もいます。

それぞれに最もふさわしい方法を探して怒りというものを鎮めてください。

「錨」は沈めるものです。

バカを楽しむ

問　私たちは些細な言葉で傷ついてしまうこともあり、乱暴な言葉を投げかけられた時にはつい感情的になりやすいものですが、どのようにコントロールしていったらいいのでしょうか。

答　私たちは日々の生活の中でより美しい言葉、より肯定的な言葉を使った方がいいのは言うまでもありません。

日本は「言霊《ことだま》のさきはう国」と言われていますが、日本語というのは世界の言語の中でも特に宇宙とつながりやすい言語だと思います。単なる意志の伝達手段としてではなく、心との対話に重きを置き、宇宙の果てまで届く言葉ではないかと考えます。それだけに使い方には注意しなければなりません。

その上であえて次のことを申し述べたいと思います。

バカと言われて嬉しいと思う人などいるはずがありません。しかし、たとえ「バカ」と言われても、それを言った方が、心や魂に使われて苦しみもがく姿の表現であると見つけてあげなければなりません。

その非難の言葉の中にさえも天使の囁きを聞きとってあげることが大切です。そうなれた時にあなたのステージは一段上がるのです。

一つひとつの言葉に反応し、感情のたかぶりを覚えることは自分自身をも傷つけるだけです。**多くを許すものは多く愛されるのです。**しかし、愛のみかえりを望んではなりません。「あってあるものにとらわれることのない自分であるように」日々の小さなことにも心をくだいて生活してください。

「苦しみも恨みも、羨《うらや》みもない」心の状態をつくり上げてください。そこにはすでにすべてが意味あるものとして存在しているのです。

大いなる宇宙からみれば、私たち一人ひとりの差などとるに足りません。遺伝子レベルで見れば人間と猿はほぼ同じなのです。国籍、人種の違いなどで感情的になるのは愚かなことです。区別と差別は異なるもので、その区別さえもより大きな視点からみれば区別ではなくなるのです。

この世界で私たちは知恵と愛によって蓄えられる天の倉を所有しています。一つの現象にひきずり回されることなく、その現象の奥にある原因、本質を見るように訓練し、天の倉に知恵と愛に満ちた宝を高く積み上げてください。

波動が高い状態とは愛に満たされている状態であり、「バカ」と言われた時には「ハハハ」と笑ってみてください。「ハ」は「８」に通じ、無限の象徴であり、「言霊」をその中に溶かし込んでいただきたいと思います。

心に反応する

問　「思い」というものはどのように伝わっていくものかを教えてください。

答　私たちは、思いも言葉も行いもすべて自分にかえってくることを知らなければなりません。そして場面によってはそれを正しく相手に伝えなければなりません。「この者に光を、心にやすらぎを」と身口意《しんくい》の「意」を使い、相手の心に伝わるようにしてください。思いはエネルギーとなって相手に伝わり、その方の変化を促します。

ある時、ある場所で一人の男性が女性に対して些細なことで腹を立て怒りに打ち震えておりました。注意する言葉が男性の口から繰り返され、次第に言葉が乱暴になるにつれ、近くにあった鉢植えの樹や花々が痙攣するのが見てとれました。恐怖におびえているのです。

私がソファーに座ったまま「この者に光を、心にやすらぎを」と祈り続けると、まもなくして怒りに打ち震えていた男性が、まるで人が変わったように表情までもが柔和になり、相手の女性に対して土下座して謝りました。そのようなことはこれまでに何度も経験することができました。

花は邪気の近くでは枯れてしまいます。オフィスなどに出入りする人の気にも敏感に反応します。また大病を患う方の身代わりになって一瞬にして枯れてしまうことさえあります。

逆に良い気の側では樹木の葉は青々と生気に満ちているものです。あなたの周りを良い気で満たしてください。

動物も主人に似ると言われている通り、日々接していることにより気の交流が起こるのです。人間とほとんど変わらない仕組みで伝わるのです。

植物や動物のみならず、鉱物でも同じことが言えます。あなたが指に宝石をつけているならば、その石を時折観察してみてください。その日のあなたの波動によってまったく違った表情を見せることを知るはずです。

波動の質は人間、植物、鉱物などで違い、人間一人ひとりでも勿論異なります。

私たちは波動の嵐の中で生活しているようなものです。この世とあの世でも波動の精妙さが違い、あの世では心の動きはすぐに伝わります。この世では結果を得るまでに時間差があるのです。その時間差を埋めるのが「継続」です。「思い」は繰り返し継続していくことによってパイプがより太くなっていき、より実現しやすくなるのです。

夢

問　睡眠中に見る夢ほど一人ひとりの個性が出るものも少なくないといわれます。中には夢の中で香りまで感じる方がいるといいます。夢について先生のお考えをお聞かせください。

答　人々が毎日のように見る夢の解釈については、西洋、東洋の占いによるものや心理学的な解釈もあります。一つの映像について西洋と東洋の夢占いの解釈が大きく異なる場合もあります。

夢は性的な抑圧の象徴としてだけで見るものではありません。

自分と血のつながりのあるものの象徴であったり、民族性や伝統という、より大きなものとの関わりによって見る場合もあります。病や事件など人々が持つ恐怖への対処や過去のトラウマの解消として見る場合もあります。

交通事故にあった夢を見たあとは、実際に起こりはしないかと不安がる人もいますが、それは予知夢ではなく、**夢で浄化して未然に防いでいる場合もあります。**小さな傷を作り血を流すことで大きな出血の災いを防ぐという「儀礼的」な意味を含んでいることもあります。

神はあらゆる方法で私たちを守ってくれているのです。

風邪などで出る熱は体内にたまった不浄なものを浄化しています。咳は体内の汚れたガスを外に吐き出してくれています。息を吸い、吐くのも体内の汚れの掃《そう》除《じ》に他なりません。

太陽の夢、雪の降る夢、海の夢、山の夢とあなたは様々な映像を見ると思いますが、夢の一部は霊的な象徴で、真理を求め続けている人への啓示であったり、予知夢である場合もあります。

淡い色や透明感を伴った心が洗われるような印象の風景の夢は吉兆《きっちょう》であることが多く、先祖をはじめとする守護する存在の守りがあなたの心と共鳴して強く働いている時で、そのまま進みなさいというサインと解釈していい場合が多いと思います。

夢に出てくるものや内容そのものよりも、夢を見た直後の自分の感情がピュアなものであったかどうかを判断の基準にするのも大切なことです。

自分が号泣するのを夢に見て目が覚めた方がいました。その方は夢を見てから数日後に長い間思っていた相手からプロポーズされ、幸せな結婚をむかえたのです。「号泣」→「泣くほどうれしい」→「結婚」とつながった例です。

また占いには多くのものがありますが、手相、人相は人間の意識の状態が相に出てくるということです。心が変わり、生き方が変わることで様々な現象として表面に現れてくるのです。

ラップ現象

問　私たちは時々部屋などで原因がわからない音を感じとることがありますが、そういう日常を超えた現象に対してどのように対応したらよいでしょうか。

答　ラップ音は叩音《こうおん》とも言いますが、私たちは時折、深夜などに家の中で不思議なラップ音を聞くことがあると思います。特に重低音のラップ音の場合に怖がる方がいますが、私たちが深い明想に入った時など波動が上がった状態になる場合にもラップ音が鳴ることがあります。そうした時には「パンッ」と高く乾いた音であることが多いのです。

また「シャンシャン」という神楽舞の際に巫女《みこ》が鳴らす美しい「巫女鈴」の音

は、霊界の高い存在があなたを歓迎している証であることがあり、「チーン」という仏具の「おりん」の音が故人が喜んでいることの表明であったりします。

こうした音を耳にする人は案外多いものですが、おりんの音が親しい人に対して「呼ぶ」という意味を含んでいる場合が稀にある以外、聞いている人に対して、そのまま精進して進みなさいという励ましの意味ととらえてください。

波動の高いところからは私たちの世界を簡単に見ることができます。広大な幽界の中にいる完全に悪くないものの中には、より学びたい、成長したいと思い、現界での話に耳を傾けている場合もあるのです。

憑依《ひょうい》と呼ばれているものの一部にさえ、そうした思いが起こさせていることもあるのです。それらの存在が私たち自身のエネルギーを使って、音を鳴らす場合もあります。音に限らず、あの世の者がこの世の成分や人間のエネルギーを使ってその姿を見せる場合もあります。

あの世の方が学びやすいということは決してないのです。

しかし一方で恨みのものに恨み、欲望のものに欲望と、人の思いによって悪さをしようと近寄ってくる生きている人がおこす例もありますが、その原因とて自分自身にそれを招き寄せるものがあるからです。無限という根源から見れば「ありえない」ということはなく、事件、事故も含めて起こるべくして起こっているといえるのです。

心の汚れを取り、汗を流して体の汚れを取るように心がけてください。

山中の熊やジャングルの中のアナコンダなども、こちらが極端に恐怖の念を発すると、その途端に襲ってくる習性をもつことが多いといいます。

重低音の大きな「ラップ現象」を伴って周囲に独特の気配が発生すると人によって「恐怖」の心は増幅し、寝ている場合などいわゆる金縛りになる場合もあります。

この時、不思議なことに一匹の小さな虫などがあらわれ、癒してくれたり、恐怖に集中するのを防ぎ、中には金縛り状態を解いてくれることさえありますが、これはあなたを守るものの化身と考えてください。

あなたが暗闇を恐れているのは、あなたの心に灯が赤々と灯《とも》されていないからではないでしょうか。「恐れ」を少しでもなくすように努力してみてください。

心と科学

問　心の分野と科学は近年急速に接近しているように思えますが、それについて先生のお考えをお聞かせください。

答　私たちの肉体に愛を与えているのが、「命」です。その命こそが全知全能の神です。その神は私たちの中にあります。

我は宇宙。人類、宗教、神は一つです。

一本の枝に咲く花をつくる波動には、形、色、香り、そしてその花独特の音色さえあります。

目に見えるもの、見えないものは表裏一体です。

私たちの目には見えず、耳には聞こえないものと、今私たちが認識しているものとは表裏一体であることを知れば、まったく異なる価値判断、宇宙観を持つことになるのです。

科学はよりすすみ、先端科学の中には心の領域、不可視の領域にまで入ってゆく動きが出てくるでしょう。そして、様々な現象の本質は心であり、命であることを知るようになるのです。「科学の発達」はそういう方向でなければいけないのです。

心臓にも子宮にもその人独自の波動があります。それが個性となって宇宙の色どりを作っているのです。宇宙は多様性を認めているのです。

サルが進化して人間になるわけではありません。人間はあくまでも人間としてこの地上にあるのです。遺伝子レベルではほぼ同じでも、ほんの僅《わず》かな違いが大きな違いになっているのです。その差こそ、人間が人間たる所以《ゆえん》なのです。

世間で疑似科学といわれているものの一部や解明されずにいるスタップ細胞は将来、証明されていくものと思われます。

人間のＤＮＡ配列をゲノム編集して、先天的に問題のあるものを含んだ受精卵に変更を加える技術など最先端科学の一部には倫理基準というものがついてまわります。「倫理基準」とは究極的には神と人間との関係性に行きつくものです。

またゲノム編集技術には、コンピューターが意志をもって暴走するように、ウイルスがコントロールをなくして自己増殖をしてしまうという事態も想定されるため、慎重に扱っていくことがのぞまれます。

いずれにしろ神の心に添わないものは残ることはないのです。

血液の神秘

問　大怪我や手術などで出血した後、心境が変わることもあると聞きますが、医学だけでは説明できない血液の本質、血のもつ意味について教えてください。

答　血液は人間の健康を維持するのに欠かせないセルフメードの最高の薬です。

人間の体内を休むことなく毛細血管にまでくまなくまわる血液は霊そのものと言っても過言ではないほどで、人体と密接に関係しています。プラーナを全身にまわしながら日夜、人体の修正を行っているのです。

「気血」という言葉の通り、血液は民族を超えて神秘的な存在とみられていましたが、血液は血液であって、同時に血液を超えた存在なのです。

「犠牲」という言葉があるように神聖な牛を捧げる習慣が一部にはありました。牛を屠《ほふ》り、その血で染められたのがレッドカーペットの起源という説もあります。中南米のピラミッドの頂上で行われた犠牲をささげる儀式にも血のイメージが濃く、日本の一部でもある時期までは行われていたようです。

牛や豚などは殺される時に、怒り、恐怖の波動を放つ場合があります。その波動は解体された肉片にも残り、その肉片を食べた人間にも影響を与えます。いわゆる「血が汚れる」のです。

赤血球は円盤状という形によって、体内のすみずみにまで酸素を運べるように柔軟性を備えています。赤血球の形も人それぞれ表情が違うように、特徴をもっています。雪の結晶がそうであるように、水も赤血球も良い状態の中では美しい形をつくり出すのです。

白血球は免疫をつかさどり、血小板も大切な役割をもっています。人は血液と共に老いると言いますが、あたかも神の配剤のように血液は見事に弱酸性に保たれて、毎日、体内を駆け巡《めぐ》っているのです。

血液検査では人体の状態が手にとるようにわかります。名医は、検査表を見るだけで患者の病状はもちろん、その患者の体質にふさわしい治療の手順までイメージが浮かぶといいます。

血液は日々食べるもの、生活スタイル、そして何よりも心によって変わります。一定期間、食べるものを吟味し、何よりも穏やかな心で生活した後には結果となってあらわれるでしょう。

血液を運ぶ動脈や心臓へと戻す静脈をきれいに保つことをイメージして日々を送っていただきたいと思います。

人間はウイルスに勝つ

問　インフルエンザなどのウイルスは時折猛威をふるいますが、私たち人間はウイルスに関してどう対処していくとよいのでしょうか。

答　例えば十人の子供が同じような環境でウイルスに接しても患《わず》う子とそうでない子がいます。一般的にはウイルスによって患うことのなかった子は免疫力が強いといわれます。

しかし一方で、その差は、繰り返す転生の中で計算されたものであり、**愛に満たされていることで禍《わざわい》を避けている場合もあるのです。**

昔、私たち一家が県営住宅に住んでいた頃、他の家族がインフルエンザにかかっても何故か私たちは大丈夫だったことがありました。これといって特別なことをしていたわけではありません。そうした例をいくつか経験し、単に免疫力があっただけと言いきれない力が働いているのではないか、そして免疫力をつけているものには愛も作用しているのではないかと考えるようになりました。

ウイルスは細菌よりも小さく、タンパク質と核酸、遺伝子を有していますが、細胞という形態を作らず他の細胞を利用してコピーを繰り返すという特徴をもっています。

人類の誕生よりはるか昔からこの地球に存在していたのではないでしょうか。ある研究者は「ウイルスは生物が地球上に出現してきた時以来共存してきた生命体」と言い、「単に人間にとって害をなすばかりではなく、進化の促進にもなっている」と述べている方もいます。

私は、一方で**ウイルスは人類への警告の役割をもった「使徒」**ではないかと考えています。ＳＡＲＳウイルスは変異を起こしやすいという特徴をもっています。比較的新しく発見されたエイズウイルスはアフリカ起源と言われていますが、チンパンジーはＨＩＶに対抗するタンパク質をもっており、エイズを発症しません。これは何故でしょうか。

インフルエンザウイルスは鳥インフルエンザウイルスが変異したもので、人は肺に鳥と同様な受容体を持っているため、稀に鳥から人へうつることもあります。変異の原因は、飼育過程で鳥のストレスや抗生物質によって免疫力が低下し、変異の加速によって殺傷能力が高まったせいではないか――つまり、人間がつくり出したものではないか――と推測されているのです。欲という人間自身から発せられたものによって攻撃を受けているのではないでしょうか。

日本人に多いＣ型肝炎ウイルスは、人体のインターフェロン産生を妨げ、肝ガンへの進行もひきおこすウイルスですが、現在ではＤＮＡ複製に関係する酵素を抑制するという発想に基づいて薬剤の開発がすすめられています。

このＣ型肝炎ウイルスをはじめ多くのＲＮＡウイルスはプラスに帯電しています。私の推測では、マイナスイオンを集中的に大量に患者に放つことで、プラスに帯電しているウイルスの量が一時的に減少するのではないかと思います。

同じような条件の下でもウイルスに感染しない例などを見ると、「愛」のエネルギーがマイナスイオンにも似たはたらきをし、究極のところでウイルスも「心」というものに影響される部分があるのではないかと考えています。

第2章

明想《めいそう》と癒《いや》し

上江洲義秀先生の活動は、明想、説法、ヒーリングの三位一体でおこなっています。一般的に「瞑想」と表記するところを敢えて「明想」としている理由やその方法について、この章の中で解説されています。

またセミナーでは高い波動の「説法」だけで癒される方がかなりおられるようです。「ヒーリング」に関して、先生は独自の奥深い理念をもっており、それについてもこの章の中で開示していただきます。

私の明想の方法

問　先生の実践する法玉明想《ほうぎょくめいそう》の仕方とはどのようなものでしょうか。

答　一般的に「瞑想」の効果は、脳波が安定し、副交感神経が優位になるなど身体的な変化によって情緒が安定することにあると言われています。心を解放し、不安がなくなることで「心の耐性」ができるとされているのです。

私たちの「明想」はそこから一歩進んで、自らの波動の変更に加えて光輝く根源の世界への到達を目的とするものなのです。その世界を味わうことで、すべての本質と「全一体」を悟って、魂そのものを変えていくことです。

明想をする時には聖人たちが古《いにしえ》の時にそうしていたように、体は動かさず静かな環境の中で行います。リラックスした状態であれば結跏趺坐《けっかふざ》でなくともよろしいと思います。

また、明想する時間も時間帯も特定することはありません。

明想は意識して行おうとするとかえって集中できないものです。自然体で入ってゆくのが望ましく、明想自体も過度に悟りへの手段と考えることなく、それ自体を深く味わい、結果、悟りへとつながってゆくのがよろしいと思います。

額《ひたい》にあるアジナチャクラに意識を集め、七つのチャクラ全体のバランスが取れるように力を抜きながら明想に入ってください。「我神なり、我命なり、我愛なり、我光なり」とゆっくりと心に念じて明想を続けてください。これらは特に強い言霊です。

はじめから良い明想に入るのは難しいものです。額に光を意識せよというのも一つには睡魔に打ち勝つためです。酒、煙草そして刺激物は明想の妨げになりますので、できるだけ避けるのがよろしいと思います。

難行苦行では逆に低い世界の憑依を受けることもありますので、特殊な方を除いて愛に満たされた中での明想で悟りを開いていくというのが望ましいのです。

明想を続けている時にあらわれる白い光を見つめながらより深い段階に入ると、しだいにその光が広がっていき、いきなりその光の中に包まれていく感覚になり、その瞬間、肉体を感じなくなることもあります。

肉体は愛の波動を感じる時、いろいろな現象が出てくることがあります。精神的にも歪みが出てくることがありますが、汚れがあぶり出されている時で良いことと受け止めていただきたいと思います。

疲れやだるさ、めまいといったデトックスの後に波動が上昇し、楽になることが多いものです。

時には明想の最中に声が聞こえたりしますが、それは内在の声であったり、守護霊の励ましであったり、幽界のいたずらであったりします。ことさら気にすることはありません。

明想の時に、自らの利益、欲望といった誤った感情のもとで行うのは特に危険で、低い層の世界とつながりやすくなり、チャクラのバランスも崩れてゆきますので避けるようにしていただきたいと思います。

明想により心を観る

問　「明想」と「内観」に関して教えていただきたいと思います。

答　人が一時癒されても再び同じ病気を患い、同じ悩みに立ち戻ってゆくのを見て、日々のヒーリングを続けることに疑問を感じ、施術する方もされる方も互いのカルマを積むことなく相手の悩みを解くことはできないかと考えた結果、辿りついたのが、自らも絶えず行い、根源の世界へと導いてくれた「明想」という方法でした。

明想による内観の方法を伝え、それを修得することで自らの力で癒され、ある者は根源の世界にさえ触れることができるようになるのです。内観とは原因と結果、内と外など心の中から浮かんでくるものすべてを心そのもので観ていくことです。

自ら気づき悟ることでまず自らが癒され、その方の周りをも結果的に癒すことになるのです。

そして地域、地球と徐々に意識が高まっていき、やがては全く違った世界が現出されるのです。

明想により意識を高めていくことによって精妙な波動が明想をおこなっている方から発せられ、周囲の波動も徐々に変わっていきます。そうした高い波動を発する人が一人、また一人と増えることで、その方々の住む地域の波動にも変化が出てくるのです。

波動の流れが変わり、誰の目にもわかるようになるのは徐々にであることが多いものです。最初は小さな兆しとしてあらわれ、それが続き、大きな流れとなっていきますが、流れを変えるにはコップの中の汚れた水を一度きれいにする必要があるのです。

明想の中での祈りは、それが正しいものであれば高い波動にのってより実現しやすくなります。祈りの力というのはおそらく皆さんが考えているよりはるかに大きなものなのです。

明想によって自然に集中した意識状態を作り、より深い段階で高い波動のもとに祈ると、正に「意乗り」になり、思いが実現しやすくなっていくのです。そうした段階での祈りの内容は、宇宙の意識に沿ったものでなければなりません。

正しい方法で明想という行為を日々続けることで、その方は最高のカルマを積んでいることになるのです。

明想のおくりもの

問　明想の結果もたらされるものとはどのようなものでしょうか。

答　明想は、一時的な感情や都合によって過度に喜び悲しむことなく、揺るぎない心を作ります。外観から内観に心の重点が移り、その度合が深まることによって宇宙意識、無限意識につながっていきます。

「悟り」とは原因と結果が一体であることを知り、すべてを生かすこと、あたりまえのことができることとです。そして「悟り」にも終わりがないのです。心が変われば現在が変わり、現在は過去や未来をも変えていきます。

無限という本質にかえってほしいという愛を感じとり、人類は一つ、宇宙は一つという境地に一日も早く至って欲しいと思います。

神が命として無限力をたずさえて生きていることを知り、真の自分を知ることが生かされている本質であり、それを明想による内観で悟ってゆくのです。

明想で心が平安になれば聖者からの助けがあります。

迷いの心や焦りは偽物です。

やがて「我は意識なり」と実感できれば、見たいものを見、行きたいところに行けるようにもなります。これは意識の上のみならず、肉体を伴っても起こり得ます。実際、私は明想している最中に深い段階に入り、人が見ている前で自分の姿が消えたことが何度もあるのです。ある時、光話の最中にアルゼンチンにいた時に可愛がっていた馬の具合が悪いのを感じ、テレポートして現地に行きヒーリングして帰ってきたことがあります。帰った時、光話の参加者は馬の匂いを感じたといいます。また、意識を保ったまま、同時に遠くに意識を移動させることはあります。意識を変えることであの世の姿を見、時間を移動させて人の過去生を見たりと、次元、時間を変えて同時に数カ所見ることもできるのです。

おそらく、「進化」と呼ばれる形の一つは「意識」を多元的にしかも同時に発現させることではないかと思います。

明想に関していえば次のようなこともありました。ある方の家の近くの交差点で、車による事故が多発しておりました。その方が真剣に明想を一年間続けたところ、それまで立て続けに起きていた事故はウソのように全く起こらなくなりました。

このように問題のある土地を浄化し、祝福の地にすることもできるのです。「思いは実現の母」で、ハレ、ケガレの別なく、あなたが通る土地に心の中で「この地に祝福あれ」と祈ってください。「この地に愛を」「この地に光を」と祈り、歩いてみてください。祈りには偉大な力があります。

明想をおこなっている方が住む家には、地震があっても被害がほとんど及ばなかったり、洪水による濁流が住む家を避けて通ったという例さえあるのです。

明想の真の意味

問　明想が自分の日常生活に与える影響について教えていただきたいと思います。

答　私たちは目に見える現象というものに振りまわされることなく、五感を正して生きていかなければなりません。

明想の目的は根源への合一です。明想が熟達してくると額のあたりに白い小さな光（人によって様々な色の光）が現れ、その光は視界全体に広がり、やがて自分がその光に包まれ満たされていく経験をします。さらにその先へ進む方も中にはおります。「松果体《しょうかたい》が活性化する」という表現をとる方もおられます。

しかし、これは狭義の明想であり、目を閉じているだけではなく、本来は寝ても覚めても明想なのです。**目を閉じて行う狭義の明想に対して広義の明想は日常そのものといえるでしょう。**

粗い波動の日常の中で自分を保つことができるか、常に神と合一して過ごすことができるかを試されているのが本当の明想ではないでしょうか。

日常の中で命が肉体を通じてどのように表現されるかを、常に観察していくことが大切です。日々、目の前で起こることすべてが修行の場です。

縁に触れて人に出会い、物事が起き、自分がどのように接していくか、それを見つめる自分自身の心の動きも含めて明想なのです。人生の中では楽しいことだけではなく、辛いと思われることも起きます。苦しいこと、悲しいことに直面し、どう対応していくかが明想なのです。

一瞬一瞬が祈りの場であり、この肉体こそ寺院そのものなのです。従って祈りの場である肉体は健康で清潔に保たれていなければなりません。心もバランスを保ち、穏やかでなければならないのです。

私自身、特殊な場合を除いて食べもせず水を飲みもしないのですが、祈りの場としての肉体をより良い状態に保つためにも、地のものを旬の時期に食べるのは良いことであると思います。季節・土地と自分が同調しやすくなることで、自分と周囲のフィールドとの不調和を調整していくのです。季節・土地の思い（波動）が伝わり、バランスをとろうとする力が自然にはたらくのです。
日々、こうした意識で生活していると、手の技を使うまでもなく、そこにいるだけ、その口から言葉を発しただけで人々が癒されていく存在になれるのです。

私のヒーリングの方法

問　先生の行っているヒーリングの方法はどのようなものでしょうか。

答　ヒーリングではこの世においてアストラル、メンタル、コーザル体それぞれについた汚れのみならず、過去生でついたものを見極め、悪いものであればそれを徐々に削ぎ落としていくこともあります。魂そのものを変えていくのです。

根源である実相には死も病もなく、無限にして完全な意識がそこにあるだけです。あたかも弦楽器をチューニングするように、「中道とは光と知恵に満たされた状態である」と念じ、私たちは歪みを正していかなければなりません。

しかし、現実にはヒーリングによって病気が治った後しばらくして再び元に戻ってしまったり、悪い習慣を繰り返す例を数多く見てきました。むしろ、そうした例は少なくないといってもよろしいでしょう。

病気になる原因は、悪い習慣、思いぐせ、今生での宿題などです。ヒーリングと称して勝手に相手の宿題を解くことは、一見、良いことをしているようでいて、与え手受け手双方にとって良くないこともあり、慎重に判断することが求められます。

誰かを助けようとする時、「心配」のエネルギーは相手に伝わります。あなたの思いに沿ってエネルギーは動いていきますので「心配」は消し、愛の波動を送るよう心がけてください。

ヒーリングする者が怒りにふるえ、嫉妬にかられた状態であれば、その波動は相手に移ります。そして負の連鎖がはじまってゆくのです。

ヒーラーと同様に、主治医も波動の良い人、感情の安定した人を選ぶべきだと考えます。思いも言葉も癒しの手段だからです。

スウェーデンのヒーラーの集いに出かけた時、ほとんどの方は根源に錨を下ろすことなく行っているのを見ました。

ヒーリングは、自分のエネルギーで相手を治そうとすると良いエネルギーは伝わらず、相手のマイナスエネルギーを吸い取り、ヒーラー自身も汚れを受けてしまうのです。ヒーリングを「技」と考えるのは危険です。また、中華圏の一部では術者が幽界に行き象徴的な事象を使って相手の運を変える方法がありますが、根源に通じていないと術者そのものが悪い作用を受け、中には命を縮めてしまうことさえあるのです。

ヒーラー自身が根源に通じ、そこに錨を下した状態でなければ、ヒーラー自身が病んでしまいます。外を克服して内に錨を下ろし、根源からのエネルギーを自分という伝導体を通して相手に伝えることが大切です。宇宙意識、無限意識に根ざして行われなければいけないのです。

ヒーリングに秘められたもの

問　ヒーリングでは何を重要視しておこなっていますか。

答　ヒーリングにはガンなどの重い病気を患った方も多く来られます。その時、目の前にいる方の何が病気の主な原因になっているかを見ます。胃ガンを例にとりますと、お酒の飲みすぎなど「医学的理由」で胃ガンになってしまう方、恨み・嫉妬・怒りなど「感情の癖」で胃ガンになる方、そして「カルマの清算」によってあえて胃ガンになっている方など様々です。

本人は「今生《こんじょう》正しく生きているのに何故ガンを背負うのだろう」と思うのですが、ガンという重い病になることでそれまで背負ってきているカルマ（宿題）を一気に清算しようと今生、覚悟をもってやってきている場合もあるのです。

一部の例外を除いて、ほとんどの方はこの世に生まれる時、過去生（前世）での記憶を消されて来ますので本人はわからず悩むのです。

転生の中で魂の癖がつけられ、結果として似たような人生を何度も辿っていることがあります。過去生で蓄積されてしまったマイナスの想念を徹底的に癒すことが必要なこともあり、そのためにマイナスの想念の原因になっている過去生を告げ、本人に自覚していただくことで感情が解放され、前に進めることもあります。魂、命そのものの癒しが必要な時は、例外的に御本人に自覚していただく場合もあるのです。アクセルが踏まれ人生が「未来志向」になるのです。

縁にふれて過去生の姿、または本人に憑依しているものの姿が強く出てくることもあり、鎮め癒すのに多少時間がかかる場合もあります。

ヒーリングの際には、目の前にいる方の過去の転生を見、性格・個性を見、日常の行いを見、さらにどのような約束で今生肉体を持ってきたかを見ることができないと、本来であればアドバイスもヒーリングもできないのです。

そして、本人の気づきを促し、どこまでをヒーリングするのが良いことなのかを絶えず考えながら相手に向かわなければなりません。

究極的にヒーリングの本質は「相手の魂に気づきを促すこと」であると考えます。気づきによって魂そのものを根本から変えていきますと、肉体の不調は消え去り、決して元に戻ることはないのです。

波動の場を離れても

問　参加者がセミナーに出ただけで心と身体に変化を感じることもあるようですがこれは錯覚でしょうか。

答　場は、そこ独自の波動をもっています。そこに集まる人々の発する波動の総体が場を作ります。場の波動が良いものであれば良い影響を受け、変化を感じるものです。

セミナーという共通の目的をもった人々の作る場の中にいてこそ安らぎを得られるという人は多いものです。しかし、いったんその場を離れた途端、迷い人となり、一気に悩み苦しみが押し寄せてくる人も中にはいます。

命を見失っているのが「死人」とすれば、助けてくださいと祈るのが「病人」、神にしっかりと錨を下ろし、真我一体の境地にいるのが「健康体」といえます。

様々な人が真理を学ぼうとして集まりますが、愛の波動の中だけではなく、荒れた波動の中で穏やかさを保てるか、どのような中にいても自分というものを保っていられるかが日々試されているのです。日常生活を送る上では実に多くの波動が渦巻いております。盛り場でも電車の中でもそしてオフィスにおいても私たちは波動の影響を避けて通るわけにはいきません。

過度な優しさに頼りたいと近づいてくる霊もあります。

心の優しい方は相手の気持ちを汲んであげようという姿勢が強いもので、自分というものを抑えてまで相手の波動に近づけ理解してあげようという性質をもっています。人間のみならず迷える霊さえもそのやさしさに頼り、癒されたいと接近してくることがあるのです。

特に酩酊状態になるまで酔った時、我を忘れるまで踊りに陶酔した時には魔が入りやすくなりますので充分気をつけなければなりません。

私自身、明想の場として選んだのは沖縄の真栄田岬というところでした。明想中には多くのものを感じ、見せられました。見せられたものの中には日常生活の波動が天国と感じるほどのものもあったのです。

しかし、そうした中でも明想というものを止めることはありませんでした。

セミナーに出、光話《こうわ》や明想によって良い波動を受けた結果、必ずしも良いことだけが生まれるわけではありません。一部の人は、汚れが浮き出てくるため、精神的肉体的に軽い変調をきたすこともありますが、一過性のことが多く、問題とするところではありません。

肉体の癒し、心の癒し

問　肉体と心の癒しについて先生の多くの経験の中からいくつかお話ししていただきたいと思います。

答　私は三十数年前から人々にヒーリングを行ってきました。根源の世界から私というものを通して癒しのエネルギーを相手に伝えることができると確信することができて以来今日まで続けてきたのです。

一日百人を超える方々をヒーリングすることも頻繁にあります。相談者の悩みは、病気、怪我、霊の障《さわ》りと様々です。中にはガンなどの大病の方も来られ、何度かのヒーリングで軽快し、喜び飛び上がる方もいましたが、しばらくすると再び同じような病気を患ってしまうことは少なくありません。

ある時、光話の後に二百名ほどの前である方の骨折を治したことがありました。一瞬にして治された方は感激のあまり、私がどこに行ってもしばらくはついて来ました。しかしそれも長続きせず、やがて顔を見なくなりました。そういう例は多くあります。

病気が再発してしまうのは、治された方々の肉体を動かしている心というものが何ら変わっていないからです。**肉体船を操るのは船長としての心であり、この心を癒し、正すことができなければ何ら変わることはないのです。**

そのような考えに至り、外（肉体）だけなく、内（心）の癒しが必要と考え、光話にもより力が入っていくようになりました。さらに目の前で不調をかかえている方の不調の原因を精査し、病や怪我が癒された後の心のありようをも考えるようになりました。原因も癒され方もその後も実に一人ひとり様々です。

例えばかなり重症な方でも、これを機に考え方も一変し元に戻ることはないと思われる場合、さらには治った後に世の中のためにはたらいてくれるようになると考えられる場合には短い期間で治るようにし、ご本人の努力も学びのために必要と察せられる時は、途中までのお手伝いにとどめたこともあります。

ある時、十字じん帯を切った女の子がやってきました。その子は母親と一緒にセミナーにもよく来ていた子でした。

十字じん帯は、ずれを治すことはもちろん、つなぐのは難しくリハビリにも時間がかかるといわれています。彼女の場合には、ずれて段差になっていました。私は、ずれている部分を向かいあうところまでのお手伝いをしました。あとは彼女の意志の力次第でしたが、彼女は見事につなげることに成功したのです。

彼女はヒーリングによって、ずれが平行になったこと、頑張ってそれをつなげるまでの一連の動きを、モニターでも見るようにすべて自覚していたそうです。

本人が自らの体験を通して、それぞれに学ぶことが必要な場合もあるのです。

三種類の癒し

問　肉体の癒しにはどういう方法があるのでしょうか。具体例も含めて教えていただきたいと思います。

答　肉体のヒーリングに限って言えば大きく分けて次の三種類の方法があると思います。

第一は医者に頼ることで、薬や手術によって治しますがこれは誰でも選択することができます。

第二は神の完全意識で癒す方法で、これはほとんどの方がその領域に到達していませんので難しいといえます。

ヒーリングは肉体も心も同じメカニズムで行いますが、相談者がかかえている問題を「病気」とみてしまうとそれを認めたことになってしまいます。相手を完全なものとイメージしながらヒーリングを行っていくのです。

第三は自然治癒力で治す方法です。

私はある時左肩がはずれてしまい、骨どうしがずれて筋肉がぶつかり合っているのがわかりました。

明想で見ると、ずれた部分の一部が腐りつつあるのが見えました。そのうち腕が動かなくなり、捨ててしまった方がどれだけ楽かと思うまで痛みがひどくなっていきました。

切り捨てようとさえ考えてまもなく、その激痛を乗り越えてから再生がはじまりました。痛みのピークで再生がはじまったのです。このピークは怪我の状態や人によってタイミングが若干違いますが、基本的に同じメカニズムで再生という活動が開始されるのです。

こうしたことは極端な例で誰にでもできるものではありませんが、自然治癒という私たちが本来持っている人体のメカニズムを大切にしてほしいものです。

創造（クリエーション）、保存（プリザベーション）、破壊（デストラクション）の一連の流れは、それぞれの期間やカーブの頂点など指標は異なっていますが、文明の盛衰にも一国の経済活動にもみられます。これらの流れは宇宙意識の一部と言ってもいいもので、再生のためには破壊（終焉）が必要な場合もあるのです。

チャクラを開く

問　修行する人々の中には七つのチャクラを開いていくことを目的としている方も多いと思いますが、チャクラをどう自分にとり入れるか、チャクラとの接し方について教えていただきたいと思います。

答　行法などによってチャクラを開く喜びとともに、その危険性も私たちは知らなければなりません。

チャクラを開くことによって卓越した能力を得る方もいますが、人格的にはどうかと思われる方も中にはいます。日々の行い、特に地位や異性、金銭に対する接し方を見るとその方の全体像は自然とわかってくるものです。

すべてのチャクラがバランスよく開き、エネルギーの柱が頭頂から抜けるようにまでなる方でも、開いているがゆえに多くのものを受けてしまうということがあります。

その際、本人の認識がしっかりし、思いが定まっていないと、結果的に自分にもまた周囲にも害をなすことさえあるのです。

チャクラが全開になると火が燃えるような感じになるものです。キャンプファイアーの木組みに火がつけられ、徐々に炎が強くなり天に昇っていくようなイメージです。

脊椎を中心に燃えるようなエネルギーが流れるのを見たのはおよそ三〇年前のことです。**熱と冷が絶妙なバランスを保っている時にはチャクラは黄金に輝いています。**反対に酒量が度をこすなどしてバランスを失っているときは脊椎周辺が真黒に濁っているものです。

チャクラが全開になり、熱が旺盛になると、人によっては性欲に燃え、その果ては自分自身のエネルギーによって焼け焦げて死に至ることさえあります。密教のごく一部などにも性によるバランスを目的とするものがありますが、プラスマイナスのバランスをとるという意味を誤って解釈しているように思えます。

クンダリニーだけですと男も女も性欲に燃え上がってしまい、実際私はその姿を目にしたこともありますが、それは醜いものでした。バランスを心がけ、「思いやり」や「愛」に目を向けることが大切と考えます。

その方の後ろに立ち、背中から見るとバランスがとれているかどうかがわかるものですが、チャクラが冷えていると身体機能が充分にはたらきません。バランスがとれていると疲れを感じにくくなり、ものごとを軽快にこなしていけるようになります。

七つのチャクラにはそれぞれの役割があります。第五のチャクラには意志、六には設計、七には悟りという意味があります。

金銭や異性を求めるというように片寄った目的で開くことは特に危険です。

第四のハートチャクラはヒーリングの中心として使いますが、日々の生活を変えることでも強化されます。登山やダイビングなど趣味の世界などで心が湧き立つことを選択し、人を愛し、「すべてのものに愛を」と思うことでハートチャクラのエネルギーが充てんされていきます。

自然を愛し、植物を愛し、動物を愛し、人を愛し、幸せになる言葉を発し、祈ることで頭頂の第七のチャクラが自然に開いていくことさえあるのです。

チャクラと周波数

問　チャクラを人工的に開く方法があるといいますが、それについてお聞かせください。

答　チャクラが、ある時に突然開く方は稀にではありますがおられます。しかし、そうした場合、その方は過去の幾転生の中で何度もトレーニングを積んできている方で、開きやすい素地は既にできていたといえます。

また、その時期に来たと判断された場合に、聖者の愛によって開けられることはあります。**チャクラは心が伴っていない状態にある時は本来開いてはいけないものです。**

私は、ある方がまだ半開であったアジナチャクラを開けるお手伝いをしたことがありますが、そうしたことは例外中の例外です。その方に大きな役目があると私が判断したからです。

七つのチャクラにふさわしい周波数を機械的に外部から発生させるという方法があり興味深い方法であるとは思いますが、心が未完成のままで外部からの力によって無理にチャクラを開かせようとすると、心と体のバランスを崩してしまうこともあり、本人はもとより周囲にも悪い影響を及ぼしますので充分気を付けるようにしていただきたいと思います。

不調和な心の状態の時に人間はいわゆる憑依を受けやすいものです。憑依をされている方を視《み》て、とりついてる霊に「去れ！」と強く言っても、霊の方は「呼ばれてここにいるだけ」と答えることが多いものです。怒り、恨みの感情と同様に、本来の自分とは極端に異なる不調和な心の状態にも入りやすいのです。心を愛で満たしていれば問題はありませんが、車のエンジンにキーをかけるのと同じで、招くのは自分自身なのです。

異なる次元の壁を開けようとする場合も同様で、心が伴わずに物理的な力のみで開けようとすると、そこから思いもよらないことが起こる場合があり、いずれも注意が必要です。

一度開けられた次元の壁を通じて様々なものがこちらの次元に姿をあらわすことがあります。それは一時的なもので、やがて元の次元に自然にかえっていく場合もありますが、収束するまでに時間を要することもあります。物理的実験以外でも、呪術的方法や偶然に近い形でも壁が開くことがありますが、普通の方は触らない方がよろしいと思います。

第3章

悟りへの道

上江洲先生は若い頃からいわゆる超能力を備えていました。特に深い明想に入った時などのテレポーテーション（フープ）は、世の超能力者の中でも僅かな方しかおこなえません。

そうした能力をベースにして明想を重ね、宇宙意識に到達し、さらに十数年にも及ぶ真栄田岬での明想によって完全覚醒に至ったということです。

この章では「苦」の定義やこの世での「悟り」の意味について語っていただきます。

現象の発露をこえて

問　私もこれまでの人生の中で、物体移動や消失をはじめいくつかの現象を見てきましたが、先生は超能力というものに関してどう思われているのでしょうか。

答　私は小さいころからいわゆる超能力を発揮していました。母が食事を作っている時、空腹のあまり待ち切れずにいると、おかずが目の前の皿の上に移動してきたのもその頃です。本当に腹が減っていたのだと今思えば懐かしい限りです。

それ以後、様々な霊的能力の発露がみられ、その一部は小さい頃からの友人知人も見ています。指から周囲の人にも見える光を出したり、自らの肉体を移動させたり、時間を逆行させせたり、他人のノートの一ページを手を触れずに勝手にやぶったりしていました。

私が暴走していた時代に珍しく（笑）パトカーに捕まってしまい、免許証を警官に提出しようとしたところ波動が上がったのか体が地面から浮いてしまい、それを見た警官が驚いて逃げていったこともありました。申し訳ないことをしたものです。波動が上がりビデオに映らなくなったりもしましたが、こうしたことは数え上げればきりがありません。

このような物理現象は、程度の差こそあれ、自然に、または訓練を積んだあとに起きることはあります。私の場合、そうした能力のかなりな部分は何の訓練もなく生来備わっていたのです。

能力者の中には地球の反対側から必要なものを瞬時に移動させ、手元に引き寄せたり、遠隔透視や相手の過去生を見たり、さらにはヒーリングなどという能力のうちの一つ、または複数ができる方がいます。この能力を軍事的に使う試みも大国の中では行われてきました。CIAやKGBの中では専門の部署があって互いに相手の軍事施設を透視したりとしのぎを削っていた時代もあったのです。

これらは「現象」としては面白く、また一般の方々の気をひくものですが、同様に一つの現象にすぎないともいえるのです。

これらの現象は、悟りへの過程の一つであり、悟りへの手段の一つなのです。

また、そうでなければならないと考えています。

究極の目的は、望めば輪廻の鎖から解き放たれ、より高いところを自由に飛翔できるように揺るがぬ魂をつくり上げることです。そのために、あえて常識の枠をこえた現象を顕現《けんげん》させ、気づかせているのです。それは神の愛です。

宗教を知らない者が宗教を語ることは危険です。また、興味本位に「霊」というものに接しようとしたり、能力がないにもかかわらずふれるのも避けるべきでしょう。自らがこなしきれないものをあえて引き寄せることはないのではないかと思うからです。

真栄田《まえだ》岬での覚醒

問　先生は相当長い間、明想に励まれ、その結果覚醒されたとお聞きしましたが、覚醒に至った経緯をお教えください。

答　私がたしか十歳から十二歳の頃だったと思います。学校の先生に「あなたはどこから来られましたか?」と問われ、私は「(本質である）天国から来ました」と答え、皆からの失笑を受けたものです。

また、周りの景色が急に変わり、無意識のうちに嘉手納基地の倉庫の中にテレポーテーションしてしまったのも、その頃です。

若い頃の私は極めて気が短く、周囲に迷惑をかけていました。一方で普通の方にはできないことをいとも簡単におこない、時には水晶に指で穴をあけることもしていました。

しかし、ある時から、いわゆる超常といわれるものも含めた「現象」というものに飽き足らなくなり、長い年月にわたる明想の末に覚醒に至りましたが、さらに深い境地に至りたいと真栄田岬での明想をはじめるようになりました。人生の意味、この世を超えた大いなる仕組みをより知りたいという思いがつのったのです。

毎日、深夜〇時から四時まで崖の下のゆるやかな芝生の傾斜地に座り、明想を続けました。雨風が激しい中でも動じることなく眠るような明想に集中していました。

何故真栄田岬を選んだかと申しますと、当時北谷で家族と一緒に暮らしていましたが、家の中で明想に集中する姿を気味悪がられ、外に場所を求めなければならなくなったのです。

そのころ霊が多く出ると地元のユタさえも近づきたがらない真栄田岬ならば明想に集中できると考え、通いはじめることにしました。台風が沖縄本島を直撃する時も明想をやめることはありませんでした。

霊たちと戯れながらの明想は十数年間続き、ついに完全覚醒に至ったのです。その瞬間、海が黄金の光を放っているように見えました。私の思いが一木一草にもこもっている場所といえます。今はすでに霊もいなくなり、思い出の明想の地に立ち寄った方の中には「その周辺だけ光が違う」とおっしゃる方もいます。岬からは本部《もとぶ》半島や美しい東シナ海が見えます。

覚醒時には頭頂から光の柱が全身に貫き通り、もともと備わっていた能力に加え、過去生をも含めた透視能力や人を癒す力も格段に強くなっていきました。

やがて私が若いころに最も悪さをしていた土地で「神性科学研究所」を開き、説法をはじめるようになりました。その説法をやがて「光話」と呼ぶようになります。根源の世界は光に満ち満ちているからです。滅多に行うものではありませんし、今は全く行っていませんが、病を患った方の真黒い汚れを取り出すこともできました。そのうちに説法を聞いただけで治る人も出てくるようになったのです。根源からのエネルギーによって癒されていったものと考えます。

これらは沖縄の霊的風土なのか血筋によるものかと考えましたが、後に神との約束であったことがわかりました。

「人として結果から見ていた自分から、神として原因の側から見ることを味わえるようになり、神意識になれば現象の背後にいる神を見ることができる」と悟るようになったのです。

蓮《はす》の花は悟りの象徴

問　東京では不忍池が蓮の花で有名で、全国にも名所は多くあります。蓮の花をイメージすると明想が進みやすいといいますが本当でしょうか。

答　真言密教の開祖である弘法大師空海が開いた高野山は蓮の花に似た地形をしていて、全国をめぐったうえで大師はそうした土地を選んだという説もあります。また、中国河北省の蓮花山は癒しの場として中国政府も認めている山です。

蓮は澄みきったきれいな水の中ではほんの小さな花しか咲かせることはできません。大輪の花は泥水の中からしか咲かないのです。

泥沼に咲く蓮の花のように、**「悩み苦しみという泥を肥料として大きく美しい花が咲く」**というのが仏教の教えであり、蓮はその象徴と考えられてきました。辛く苦しいことを通して「悟り」を開くというのが「泥沼の蓮」という表現で理解されるのです。

この世の「苦」の原因は他ならぬ自分の中から生まれます。自らの「思い」に執着することで生まれ、その執着は「欲」から発するものです。「こうならなければならない」「私はこう考える」と自らの価値観や判断基準に固執することで周囲とのあつれきが生まれ、現実と乖離《かいり》することが苦の元になっているのです。

現実という現象に振りまわされる余り、「魂は現界だけではなく永遠に存在するもの」という本質を見ていないことから生まれているのです。**私たちは今の今を生きる存在であると同時に、永遠の中に生きる存在なのです。**

こうあるべきだという考えではなく、あるがままに何が起こってもすべてを受け入れ、幸せと思えること、次々に来る試練も喜んで受け入れられる時、悟りに一歩近づくのではないでしょうか。私たちは多くの宿題をこなすほど成長は早いものです。

この世は「泥」であるとともに「肥料」でもあるのです。悟りに至る材料を豊富に提供してくれる世界なのです。「澄みきったきれいな水」とはあの世のことです。苦労や悩みの多いこの世でこそ「泥」を肥料として大輪の花を咲かせることができるのです。
「泥の中から大輪の花を咲かせる蓮」のありさまを「人生の中における悩み苦しみを経た末での悟り」の象徴であると直観し、明想を続けることで、私たちはより深い境地に達することができると考えます。

あの世での悟りはなぜ難しいか

問　この世で悟りに至ることの大切さを教えてください。

答　私たちの住む世界は波動が粗く、願ったことが具現化するまでには相応の時間がかかります。
しかし、あの世ではバイブレーションがより高いため、良いことも悪いこともすぐにつながります。心を隠すことができないのです。

この世界でも正しい明想によってバイブレーションを高めるとものごとが具現化するのはより早くなります。しかし、同時に私たちの住む世界では一歩外に出ると粗い波動の世界が待っているため、具現化が妨げられることが多くなるものです。

その荒波の中で生き、反省してこそ成長することが出来るのです。あの世では波動の高さゆえに反省する間すらなく、そうした意味において成長するのが難しいのです。

あの世に行って「偽我」が消えるならば、すぐに死んであの世に行った方が良いというものです。肉体を去れば魂には無数の館が用意されていますが、**肉体を持ったこの世での「調和」を学ぶために私たちはこの世に生まれてきたのです。**この世でもあの世でも、波動の精妙さの違いはあっても、己が己に気づくまでこの学びは続くのです。

私たちの世界では「身口意《しんくい》」(行い、言葉、思い)を正しくすることが必要ですが、この世に生まれてくる次の機会を待っているあの世の人々もその基本に変わりはありません。

肉体をもった上で身口意を正しく行うようにするのが「修行」で、それは家庭、職場、社会の中にあります。自らの身口意で人が傷つかないか…を徹底して考えて日々の生活を送ってください。

自分と他人では考え方も判断基準も異なります。それを前提にしなければなりません。この世とは「調和」を学ぶ場であります。私たちが学び、神も学んでいるのです。

山から滑落しても治ることもありますが、相手の心を傷つけてしまうのはなかなか消えるものではありません。反省することのできる「今」を大切に生きてください。

この世で加速度的に波動が高まっていくその時になってはじめて気づいても間に合わないのです。

厳しさ…解脱への道

問　家庭でも教育の場面において、時には「厳しさ」というものが必要な時があると思います。この「厳しさ」をどう受け止め、向きあっていけばいいのでしょうか。

答　人は変わり、そして変われるものです。

導き正すために厳しくすれば非難されることがあります。しかし、肉体という衣裳を脱いだ時のことを考えた場合、もう少し厳しくすれば良かったとさえ思えることの方が多いものです。

「今こそ、長い輪廻の鎖をはなれ、解脱に至りたい」と思うのであれば厳しいことも必要なのです。日々の生活の一瞬一瞬の中に厳しさが求められ続けています。悟りの道は常にそのようなものと思います。

「一人でも多くの魂を根源の世界に連れていきたい」というのが私と神との約束なのです。この大目標をかなえるには、意識を合わせれば現界も幽界も霊界も自在に見える私にとっては、この現界での厳しさの必要性がわかるのです。厳しさが優しさなのです。それを理解し、悟っていただきたいと思います。

「先生は常に生徒でありなさい」というのはその通りです。人は現象によって嫉妬、恨み、思いぐせを次から次へと引き出され、それに対処することで学ばされ、その学びが終わるまで繰り返し続くのです。

縁によって学びの対象があらわれてから終わるまでの過程の中で常に謙虚であってほしいと思います。

厳しさの背景に、行う側のエゴや欲というものがあれば、受け手の方はそれをすぐに感じ、反発するものです。怒りや暴力も分析してみればまったく思いもよらないメカニズムでおきているのがわかることもあります。厳しさの根底に愛があれば、相手はその心をしっかりと受け取るものなのです。

特にスポーツの分野では本人の資質はもとより、トレーニングの質と量が記録の更新、勝敗といった結果として如実にあらわれやすいもので、指導者との良好なコミュニケーションが求められます。集団競技ではさらに卓越したスキルを前提として、チームワークの要《かなめ》となる「以心伝心《いしんでんしん》」の質が勝敗の鍵を握ることが多く、コミュニケーションの良否を作るのは競技者どうし、競技者と指導者の信頼で、信頼関係の醸成には「愛」の存在を欠かすことができないのです。

混沌の世界に

問　現実の世界は混沌としているように見えますが、「争い」がなくなる世界は実現するものでしょうか?

答　たしかに現実の世界は争い事も多く、矛盾に満ちてみえるかも知れません。時として私たちはそのような現象にふりまわされてしまい、本物がニセモノに、ニセモノが本物にみえることがあります。

また、宗教とは何かを知らない者が宗教を説くことで混乱がはじまるということも多いものです。

私は何らかの特異な能力を持っている者がその能力を行使する時には自らの宇宙観を体系化していなければならないと考えています。

宗教、哲学、科学は異なった角度からアプローチしているだけで、目指すものは同じ宇宙真理の探究であり、探究の成果をこの世での「より良き生活」として分かち合い、実現させることにあると考えます。

一時、自らがおこなった予言が実際に起こり、奇跡と呼ばれることを次々に見せていた者も、奢《おご》りや欲によっていつのまにかその能力が消え失せてしまい、それにもかかわらず活動を続けることで多くの者に迷惑をかけてしまうことがあります。

外国で名声を上げた者が日本に来て大きく話題になりはしたものの、いつのまにか消えてしまうという例はいくつかありました。皆さんの記憶の中にもあるのではないでしょうか。

また、低い世界とつながっている能力者もあり、一部の能力には秀でていることもありますが、その方の日常の行いや考え方が正しいかどうか冷静に見るようにしていただきたいと思います。

これは審神《さにわ》するまでもなく判断できるものではないでしょうか。

能力を持っている者こそ常に謙虚であらねばならないと考えています。

不調和のエネルギーは波動となって形になります。近年では少しの不調和が大変なことを招く、それがますます加速しています。**「想念は実現の母」**です。

「戦い」「殺す」という文字がある限り、破壊が終わることはありません。**文字は現象の表現であり、それがあることを認めているということです。文字が消えてしまわない限り、現象も消えることはないのです。**

キリストの愛と仏陀の慈悲は同じことを説いています。二人が生まれた時代と場所は違いますが、それぞれが人々に語っていることはよく似ています。内観すれば、一人の人間が家族、社会とつながっていき、さらに意識を拡大していくと**神が命として無限力をたずさえて生きている**のがわかるようになります。

今、ここにいる自分とは何者か、家庭や社会の中で満たされ生きていることを悟り、日々精一杯生き抜くことです。

金銭の解脱

問　日常生活を送る上で、特に都会の刺激的環境の中で生活しているとどうしても経済というものに目が向いてしまいがちです。この世の中で私たちは金銭とどうつき合っていけばいいのでしょうか。

答　新約聖書の中の話です。金持ちがキリストに「あなたについていきたい」と言いました。キリストは「あなたの財産をすべて捨ててきなさい」と言いますが、金持ちは「できません」と返答します。それに対してキリストは「人間にはできないが神にはできます」と答えます。こう言われて普通の方は困惑してしまいます。

「捨てなさい」というのは、「ゴミ箱に捨てろ」と言っているのではなく、「持っているものに執着するな」ということです。汗水をたらし、または知恵を絞って得た金銭をどう使うかに、持ち主の性格があらわれてくるものです。

二人の主人に同時に司えるということは難しいとはいえ、経済的な面で継続的に恵まれている方は「得る」、「手放す」のタイミングがうまく、流れを見事に作っているように思います。

慈善団体に寄付をしたり、利が薄くても人のためになる事業を一方でするなど、金銭の流れを滞らせることのないように心を砕いている方が多いように感じます。たとえ表には見えなくても、しっかりと実行している方が多いものです。「買い手よし、売り手よし、世間よし」で関わるすべての人の得を考えた「近江商人」の名は全国にとどろきました。宇宙の理にかなっているからでしょう。宇宙の理にかなわないものは一時の栄華を誇っても決して残ることはありません。

ある時、車で買い物に行った際の出来事です。私たちが駐車した隣には最高級車が停められ、車のオーナーは五分とたたないうちに車が傷ついていないかを見るためにに戻ってくるのです。車のことが気になって仕方がないためと思いますが、それは道具に使われている人間の「執着の姿」そのものではないでしょうか。

このように「金やモノ」にふりまわされている姿は、生活の中で形を変えてあちらこちらで見られるはずです。

「執着」することから私たちが何故離れなければならないかというと、**「執着」が「差別」とともに、解脱を目ざすものにとって最も大きな障害になるからです。**

波動の上昇にともなって「お金」に対する考えも、単なる「労働の代価」という固定されたものから「創造への評価」や「感謝の表現」といったものも含め、多様な価値観が加わっていきます。

金銭に対する罪悪感も少なくなりますが、「執着」の結果としての過度な蓄積ではなく「流動するもの」という感覚も今以上に求められるようになってゆくのです。

愛と執着の違い

問　人生の中でほとんどの人が直面し、悩むのが「愛と執着」というテーマと思いますが、この世で生きている限り逃れられないものなのでしょうか。

答　「愛と執着」、これは実に多くの人々が悩み、日々葛藤しているものです。「これだけのことをしてあげたのに」と、愛を与えたつもりの相手から見返りがないといって嘆く人は多いものです。見返りを求めるのは偽我そのものです。「愛と執着」の違いについては、体験を通してでなければわからないことがあるのも事実です。苦しみ悩んだ末に徐々に理解していくというのが普通です。

真実の愛は、好き嫌いというモノサシをとりません。感情的なものでもありません。すべての創造されたものを愛し、生かすことです。

そして**真実の愛は見返りを望みません。**人も物も必要な時に必要な人に移っただけで、手元にある時には大切にし、そして手放す姿勢も時には求められるのです。

この世では、差別し、敵対することと同様に、執着することが悟りに至れない一因となっています。執着にもとづく愛は相手も自分も共に苦しむことになるものです。

根源の世界には悩み苦しみはなく、無限の至福につつまれてやむことがありません。そうした境地を皆さんにも味わっていただきたいと思います。

ヨガナンダの講話の中には浮気をした奥さんの話が出てきます。浮気をした相手の男は去っていき彼女は金も友人もなくしてしまいました。その時、ご主人は奥さんに向かって「体験は終わりましたか？　体験が終わったら帰りますか？　浮気相手は魂を欲した。私は魂を愛します」と再び戻ってくることを許したのでした。

講話の中のご主人のような境地になることは難しいと思われるかもしれませんが、本質は「許し」「愛す」ことです。浮気という行為は決して褒められるものではありませんが、相手の魂の傷の原因を本質の方から見ることで「許し」「愛す」

ことができるのです。本質とは神の命、神の光そのものです。

そうした見方ができた時に、あなたの波動が変わり、ステージが一つ上がることになるのです。日々途切れることなくそうした境地にいられるよう努力してください。

とらわれない「神」

問　神の本質とは何でしょうか。

答　無形・無色の本質、原因の原因が神です。

見えないものこそが命をまとった本質です。

私たちの肉体に愛を与えているのが「命」であり、命こそが力、全知全能の神です。神は私たちの中にあるのです。神は五元要素で私たちを生かしています。

「地」がなければ家も建たず、「水」がなければ育ちもしません。「火」はエネルギーを与え、「風」は波動を整え、「空」は呼吸につながります。

これは、書物からではなく、私が明想を通して神を味わっているからこそ自信を持って言えるのです。

原因がすべての本質であり、すべての本質は命です。

迷いとは、原因を見ることなく、結果という存在に気をとられ、それに振りまわされて右往左往する姿のことです。原因と結果、見えるものと見えないものは一体です。**相手を強く非難していたものは自分自身の影なのです。**

聖人はこの世に自ら望んで肉体という衣裳をまとって生まれてくることもあります。また、時として現界に一時姿を現すこともあります。

セミナーのためにフランスに行った時、イエス・キリストの霊体がセミナー会場となっている部屋の中央の空中に、蓮華座を組んで浮かんでいる姿を見ました。私だけでなく、そうした能力を持っている方も同時に見たのです。

フランスのセミナー会場となったその場に霊体となって姿を現しやすい何らか

の要素があったのかも知れません。

高い波動を伴った光話の時に、「聖者が両脇に」ということもあります。その時、私の言葉はより力強く、そして内容もより深くなる感じがするものです。そうした際に、時としてえもいわれぬ本当にかすかな良い香りを伴うこともあります。

高いバイブレーションを発する人々が複数集まる時にも聖者が霊体とともにあらわれることもあります。明想の中ではなく、物質化しており、そこに居合わせた人々の共通感覚としてわかるものとしてあらわれ、無言のうちにその場に集う者たちに何らかの啓示を与えることがあります。

中には半透明でできた薄霧のような霊体（光子体）に全身が包まれるという稀な体験をされる方がおりますが、至福感と共に自らの波動との違いを感じることがあるといいます。

第4章

運を拓《ひら》く波動

先生は、相当以前から「波動の上昇」について説法の中で繰り返し強調していました。

特に近年はそれが加速し、誰もが感じはじめるまでになっているといいます。

「もの」が放つ波動の怖さについても、刀剣という具体例をあげて説明されております。

さらに霊が通る道までもが自分自身が招いているものだというのです。

この章では「波動」について詳しく語っていただいております。

地球は鏡

問　気候変動など地球の環境変化が注目されていますが、その原因はどこにあると思われるでしょうか。

答　原因がすべての本質であり、迷いとは結果だけを見ていることです。飾られた生け花を見た時、花の心とともにその花を生けた方の心を見い出すことです。そのように見ることで心が躍りはじめるのです。

見えるもの、見えないものは表裏一体です。

宇宙には偶然はありません。天罰もありません。

地球は鏡です。周囲はすべて学びのための教師です。菫《すみれ》や福寿草に春の到来を知り、夏を謳歌し、秋には収穫、冬に鍛えと四季のある日本に住むことのできる私たちは幸せです。**四季によって人生の喜びも悲しみも悟れるからです。**

地球の現象は私たちの放つ波動で変わります。私たちから放たれる思い、言葉の振動そして行動そのものが結果を招きます。生命として活動している地球は海で浄化し、地下のマグマで浄化し、風で浄化しています。雲は人々の心を映し出しています。

地球上のそれぞれの地域は人間の身体にたとえると一つひとつの臓器です。血液が酸素と共にとぎれることなく全身にめぐらなければ生命を維持することはできません。地球上の人々が放つ波動は私たちが想像する以上に影響力を持っているのです。

一人ひとりが心のはたらきを変えていくことです。

先生は生徒です。常に謙虚でいなければなりません。たえず学びによって成長していく存在であることを忘れてはいけません。

心の貧しさとは、分離し、差別する心です。学びの中では皆平等なのです。すべての中に神がいます。すべては我、我はすべてなのです。

右は霊的な不死鳥、左は物質にとらわれた自我です。

その自我は自我によって跳ね飛ばされます。強ければ強いほどより遠くに跳ね飛ばされます。表に出ることなく働いている姿こそが美しいのです。不調も幸いです。無限という本質にかえって欲しいという愛がそうさせるのです。カルマとは宿題であり、宿題も愛なのです。カルマは恐れるべき対象ではありません。カルマさえも宇宙からみれば愛なのです。

「我は神、我は命、我は愛、我は光」

波動の上昇

問　この世のいろいろなところで波動の上昇について言及されることが多くなりましたが、この点について先生の考えをお聞かせください。

答　時間が経つのが日々早くなっていると感じられる方は多いと思います。バイブレーションが低い時にはゆっくりと具現化していたものが、波動の上昇とともに思ったことがすぐに具現化するようになり、しかもより鮮烈に現象として現れるようになってきています。それは誰の目にも明らかになるほどになってきています。思いと現象の一致が早くなっているのです。

汚れを持ったままでこの状態がより加速し、極限に達しますと、心の隅にある小さな一点の汚れをも持っていては生きていけない、生きるのは苦しい、という状態にまでなります。そのような中で肉体と精神をコントロールしてより根源へと帰る旅を続けていかなければならないのです。

片隅にある小さなチリまでもわかるほどに光の強さが増していきますと、心のコントロールが出来ない方は少しの感情の乱れですぐにでも人を傷つけたい、あるいは殺したいという衝動にかられるようになります。それまではなかったような奇妙な事件、突発的な事件というのも目につくようになります。それはほんの小さな感情の揺れが増幅していくスピードが日々速くなっているからです。

そのスピードに対応できない方の心のコントロールが難しくなっているのです。

逆に良い感情も増幅されますので、至福感に包まれ、日々楽しく過ごせるようになる方も出てくるという二極化がおこるのです。

マイナスの想念が強烈に噴き出る時、それが外に向かうと人を傷つけることになり、内に向かう場合にはウツ、引きこもり、その果ての自殺という形をとります。どちらに向かうかの違いだけで本質は同じです。地位や立場・性別には一切関係なくそうしたことはおこります。心と言葉と行いを正すことが求められているのです。

「ウツ」は僅かなスイッチが入ることで他者の評価と自己実現との乖離感覚が増大し、思考停止状態に陥ることでおこります。感情を表現できずに内に向かうことを繰り返すことが多く、焦らずにいることで「感情の自然治癒力」がはたらいて呪縛から解放されることもあります。

波動の上昇は人の心にだけ作用するものではありません。光の強さが増幅することで、「ものごとの仕組み」や「国の仕組み」の隠された姿もあぶり出されていきます。それは華やかな芸能の世界から国際関係に至るまで「そういうことだったのか」という現象が次々にあらわれてくるようになるのです。

波動にかこまれて生きる

問　「断捨離」など、最近ではモノと人間はどうつきあっていくべきかを考える方も増えているように思えますが、この点についていかがでしょうか。

答　モノにはすべて波動があり、私たちはその波動の海の中で生きています。ある波動に対して、ほとんどの人が心地良さを感じたり、また一部の人にしかそう感じられなかったり、さらには強い拒絶反応を示す時さえあります。

人のみならず、波動でできたモノまでが縁によって集まるのです。波動で作られたモノの中で特に作った人の念が入っている場合には注意が必要です。中でも絵画がそうです。絵画はプラスであってもマイナスであっても独自のエネルギーを所有者に与える力が特に強いのです。

絵画は、遠い人類の祖先が泥を絵具として、生存していくための狩りの成功を願って対象となる動物の姿を、そして一族の繁栄を祈願して女性の絵を、それぞれ住居としていた洞窟の壁などに描きはじめたのが発端で、願望の象徴を絵にし、そこに念をこめるという要素が元になっています。

ナスカの巨大な地上絵にも、その図形を媒体としてエネルギーを伝達するという意図がこめられています。

本来であれば絵画を購入する際には、それを見て自分がどういう感情をもつかを冷静に判断し、できることならば短期間でも近くに置いて自分自身や周囲に起こる変化を注意深く観察する必要があります。その上で慎重に決定するのが望ましいのです。

持ち主に与える影響からいえば、写真は画家が筆を使って製作された絵画ほどではありませんが、中には注意を要するものもあります。

身に災いをもたらすと思った時には、「精抜き」をしてから捨てるか燃やす必要があるほど低い波動を発するものさえあります。それほどこめられた「念」の力は強く、レベルに応じて人に作用していくのです。故人となられた霊がその作品を媒介にしてこの世の人々に影響を与える様をこれまでにも見てきました。

「神と富に共に仕えることはできない」という言葉があります。

「小さな家で大きな自由を」というタイニーハウスが注目され、「断捨離」が日本から発して世界に広がったのも、人とモノとの関係性を再考しようという大きな流れがあるからです。それは人々の潜在意識がそうさせるのです。

あなたがこの世を最高と思うならば持ち物を増やしてください。より根源に近づきたいと思い、またすでに味わっているならば持ち物をより選んでください。欲で無闇に増やさないことです。**モノに使われ、振りまわされる身であってはならないのです。**

根源という一点に集中するために、多くのモノに注意を分散することは望ましくないのです。

刀に与えた念の力

問　目に見えないものとして「残留思念《ざんりゅうしねん》」というものがあるといいますが、それについてお聞かせください。

答　「残留思念」とはある場所や物に蓄積されて残っている思念のことで、能力のある方はそこに記憶されていることをそこから放たれている波動で読み取ることができます。特に宝石や携帯など身近なものに念は残りやすく、その波動は人にプラスマイナス両方の影響を与えます。

中には一つの塊となった思念そのものを崇拝の対象としてしまうという場合さえあります。いわゆる「思凝霊《しぎょうれい》」とよばれているものがそれです。

きらりと輝く刀身の日本刀は、単なる鉄でつくられた武器や芸術品という概念を超越した日本が誇る魂の結晶といえると思います。心をこめて刀身を製作した刀鍛冶の念がそこに入っているからで、国内はもとより外国の方々からも強い関心を寄せられています。平安時代の末期に美しい反《そ》りのある刀身の日本刀が完成しました。鋼を素材として刀鍛冶による鍛錬を繰り返すなど様々な技術を結集したもので、当時から中国などでは宝刀として知られていたようです。

人を斬ったことのない名刀は悪念や魔を斬る守護刀として飾られ、持つ人を守ります。たとえ実戦に使われたものであっても悪い作用を及ぼさない刀も稀にではありますが見られます。

しかし、至近距離で見た時、言葉にならないほど心が苛立つ場合には、刀に良からぬものが入っていると考えた方がいいのです。

日本刀の中には「試したい」という思いが強く入っているものがあります。かつて日本刀が完成した時には通常試し斬りをしていましたが、竹やワラ束ではなく、生きている人間を試し斬りした場合もあったのです。その際、武士の「試したい」という念と共に犠牲になった農民などの「悔しさ」の念が入ってしまうこともあるのです。

ある時に、豪邸を新築したお宅があり、招かれて訪ねたことがありました。ソファに座った瞬間、背中の方に嫌な波動を感じましたが、後ろの部屋には何振りもの日本刀が飾られていました。

それらの刀に何かを感じていたのか、その家の主婦から「どうしたらいいでしょうか」と聞かれ、「どちらかに寄付したらいかがですか」と答えたところ、「どれだけお金を積まれても売れません」と御主人の方が横から答えてきたのです。

私は帰り際に「私でしたら手元に置きません」と言い残してその家を後にしました。極端にネガティブな波動を発するものは手元に置かない方がいいと思ったからです。

残念なことに私が訪れた翌日か翌々日のこと、その家の息子さんがオートバイ事故で足を切断してしまったのです。これは、刀の持っている波動と同じ波動に入ってしまった結果なのです。

逆に素晴らしい波動を出すものもあります。その昔私は、マクドナルド・ベインの著作の翻訳者である仲里誠吉さんのお宅に、週に二回ほど訪ねていたことがありますが、最初の訪問の際にお茶を出していただいた時、無限の愛の波動が伝わってくるのを感じました。カーテンでおおわれたその先に聖人の写真が飾ってあったのです。波動というものがこんなにも伝わってくるものとあらためて思ったものです。

運命は変えられる

問　人生の中で私たちは「運」というものを常に意識して生活しています。「運」そして「運命」についてのお考えをお聞かせください。

答　「運命は変えられるのか」という問いは多くの方が抱えていると思います。運命を変えたいと思うならば変えることができます。**運命を支配できるのは万物の霊長としての人間だけです。**
真我意識になれば、そこには喜ばしいものが待っています。

十歳のころ、父が私の手を引いて映画館に連れて行き、モーセの「十戒」を見せてくれました。その時、子供心にモーセの能力は自分の「内」にもあると思ったものです。その思いが具現化するまでに長い忍耐の日々が続きました。

悩み苦しみは偶然にあるものではありません。より悩み苦しんだ後にすべてが輝きあるものとして見えるのです。その輝きの下に過去の悩み・苦しみは消えていきます。

導きのために現象はあり、悩みを通して真理に近づいていけるのは幸いです。大きな山を乗り越えた時ほど、涙を流すほどその後には幸福があり、成長があるのです。

ある時、神から課題を与えられたとき、私はその軽さが気に入らず神に文句を言ったものです。「この程度のものか」と。すると翌日、神はその何百倍もの重荷を私に与えましたが、私は一層元氣になり、より生きがいを感じたものです。

運命の転換はまず自分自身が変わることではじまります。考え方、人との接し方が変わるにつれて周囲の対応が変わり、付き合う人や興味の湧いてくる対象が変わります。そして、時とともにまったく違った運命を歩み始めることになるのです。

ある集団の運命にしても同じように変わりうるのです。まず一人が変わり、その一人の影響で集団の中に変化が起こり、それがさざ波のように広がってというようにメカニズムそのものは似ているものです。

外国のとある場所でのことです。最初訪問した時、そこでは一つの移民集団に対する評判が必ずしも良いものではなかったのが、光話により、まず少数の人々の考え方や行いが徐々に変わっていき、再び訪れた時には移民の集団に対するマジョリティー側の人々の態度にも変化が生じていたのです。

運命の岐路は無数にあります。私たちがいきなりサルに変われるわけではありませんが、心が変わることによって考え方が変わり、日々の選択が一つひとつ変わることによって長い時間の後にはまったく違った人生になるのです。

すべてのものに役割があります

問　日常の生活の中で私たちは相手に対してもついその場の感情に影響されて、接してしまうことがあります。どう自分を処していけばいいのでしょうか。

答　宇宙から命を与えられているものにはすべて役割があります。それを頭でなく、体感し、心から感じることです。

肉体は愛の表現体であり、知恵、美しさ、正しさが表現されたものです。

花は何を演じているのでしょうか。美しく咲きほこるのが花の本質です。ジャングルの中、人も通らず、誰も見ていないからといって花は「見ていないから半分だけ咲こう」と考えるでしょうか。たとえ充分な光が届かなくても、花は与えられた命を精一杯咲かせようとするのではないでしょうか。

私たちは日々「命」をいただいて自らの「命」を保っています。野菜、穀物、魚、動物の命を食しているわけです、言葉を変えれば表現は決して良いものではありませんが、そうした段階を楽しんでいるのです。食されたものは「役に立つ」ことによって次の段階に入るのです。**命をつないでくれることに役立ってくれた他の命に対して感謝する気持ちを忘れないでいただきたいと思います。**

近くにいる方に対して感情的になる前に、「我」と「相手」そしてその関係をみる「第三者の視点」というように軸を増やして考えてみると、まったく違ったものがみえてくるのではないでしょうか。そして感情だけで突き動かされた行動を思いとどまるようになるのではないでしょうか。

私たちは生体エネルギーの高まりとともに、愛そのものである「我」を完成させようという衝動が自然に中から湧きおこってきます。**「我愛なり」を生きる時、そこには悩み、苦しみはありません。無限の至福に満たされ、喜びが止まることがないのです。**

肉体と心をコントロールできず、五感にふりまわされる者は苦しみの中に生き、もがいているのです。

命の波動が高まれば幸福な感情が続き、尽きることのない至福の中に包まれていきます。無限に飛び立つ美しい天使となって、思いが実現しやすくなるのです。
良い思いは良い結果をもたらし、この循環は永遠に続いていくのです。あなた自身を至福に満たされた永久機関にしていただきたいと思います。

生と死と

問　私たちは肉体というものを持っている以上、死は避けて通ることはできません。死とどう向き合っていけばいいのでしょうか。

答　無限の意識、無限の知恵、無限の質量は三位一体です。見えざる神は無形、無色、無音です。
知恵を得たものは無限の中に生き、同じ兄弟・姉妹にそれを分かち合いたいと思うものです。

見えない神は香り、音色などをつけて現象というものとして目の前にあらわしますが、私たちが現象というものに目をとらわれていると、その本質を見誤ることがあります。

この世は幻影の世界であり、見えるものは泡のようなもので、見えないものこそ真実です。死は本質にかえることです。私たちは死後の世界に何を持ちかえることができるというのでしょうか。

命は「身・口・意」を通して表現されますが、死して肉体が滅んでもこの命ははたらき続け、一時たりとも休むことはありません。肉体が腐敗し灰になることは元にかえることです。命には建設するというはたらきと共に元にかえるというはたらきもあります。

生かしている自分（命）も生かされている自分（肉体）も一体です。人は生まれ（創造）、人生を歩み（保存）、そして本質にかえる（破壊）のです。不可視のものに戻るのです。インドでは、創造、保存、破壊というはたらきにそれぞれブラフマン、ビシュヌ、シバという神をあてています。

波も同じです。遠くかなたでうねりがはじまり、岸辺近くまで押し寄せ、やがてくだけ散って元にかえるのです。

水が氷になっても水が死んだとは言いませんし、気体になってもそうは言いません。**宇宙で失われるものは何一つとしてなく、ただ変化しているだけです。**

現実の自分をとりまく状況もすべては己が招いた結果です。身体の不調を訴える方は多いものですが、この宇宙では原因があって結果があるのです。見えないものが本質で、残念ながら身体の不調などは「身から出た錆《さび》」といえます。

それを認め、病気そのものや病気になったことを肯定し、さらには感謝することで回復してしまうことさえあるのです。

思いを送れば受けます。宇宙は実に精妙に原因と結果を紡《つむ》ぎ出しているのです。

霊の道

問　「霊道」について、そしてその対処法について教えてください。

答　部屋の中で不思議な足音や気配を感じることはすべての方ではないにしても決して少なくない数の方が体験していると思います。

霊道は通常、空間も方向も限定されていることが多いものです。また、一日のうちの特定の時間帯にだけそうした現象が発生する場合もあります。霊道を使う霊の中には生きている人間の出すエネルギーによって音や気配を出したり、移動するものもあり、その中には人間の「恐怖の感情」をエネルギーにしている場合があります。

そうした現象の後に人間の方は独特の疲労感を覚えることもあり、それが蓄積されると健康を損なうことさえあります。

家に霊道ができる原因の中には、自分の中で激しい葛藤があったり、家族間での対立がある場合が多いものです。それが良からぬ霊を招くことにつながるため、すべての原因は自分にあると認識し、自分というものをしっかり持ち続けることが大切です。悪い霊道であれば「我神なり、我命なり、我愛なり、我光なり」と強い心をもって塞ぐように努力してください。

霊道となっている所を清めるために霊道のある部屋の四隅《よすみ》に「盛り塩」をする方もおられます。通夜などで「塩」は霊除けなどとして参列者に配られますが、**塩が持っている本来の意味は「調和をはかる」「すべてのものを調和させる」というものです。**

何らかの不調和が良からぬ霊道を招いている場合には「塩」も有効な手段になりえます。

霊道は悪い作用をもたらすものばかりではなく、神霊の通る道もあります。神は光の道しか通ることができません。

ある方の話ですが、苦労を重ね、経済的にも貧しい時代が続いても生き方を変えることなく正直に生きていました。するとある時、部屋の一隅に不思議な気配を感じたといいます。

その気配は何故か心地のよいもので、しばらく続いた後に霧のように消えて元の状態に戻りました。それからほどなくしてその方にはある幸運が舞い込み、しかも途切れることなく続き、幸せな生活を送っているということです。

神が祝福を与えたものと思われますが、こうしたことは実際に起こっているのです。

第5章　この世の宿題

「カルマ」という言葉は独特の響きをもっており、実際、私自身もある時期まではその言葉に多少の怖さを感じていました。

先生はカルマというものを少し違う角度からとらえています。

さらに「全一体」という覚醒後に悟られたエッセンスについても核心的部分に触れており、その上でこの世をどう生きるか、一瞬の判断をどう選択するかについて興味深い体験を例に解説されています。

カルマの自縛《じばく》から

問　人によっては怖いという印象さえもたれている「カルマ」ですが、私たちはカルマとどう向き合っていけばいいのでしょうか。カルマの定義も含めて考えをお聞かせください。

答　「カルマ」はサンスクリットでは輪廻転生の中で行ってきたことによる「業」「罪」と解釈されますが、**カルマとは私たちがやり残してきた「宿題」です。**そして私たちにとっての今生のテーマでもあるのです。

カルマはそれぞれの人が幾転生の中で刻んできた記憶の総体ともいえ、また個性を形成している総体の中で特にトラウマの原因となっているものともいえます。

「恨みが強い」という宿題を背負っている方もいれば、人を殺したということに対し強い罪の意識を持っている方もいます。

過去生や今生の行い、関わったものすべてが現在の自分に影響するという考えもありますが、たしかに宇宙は一分の隙もなく精妙に働いています。霊視で見ると過去生で人を殺した者が今生では殺され、人を斬った者が人を救う立場になることもあります。

さらに過去生のある時に大きな裏切りを行った者がこの世でその相手の近くに生まれ、無意識のうちにその相手を助けていたり、使用人として使っていた相手に使われていたり、赤貧《せきひん》の人生を送っていた時に多くの無実の罪で捕らわれていた者を救った善行で今生では素敵な人生を歩んでいたり、旧・新約聖書に登場する人々が集まったりと、神のシナリオは誰にも書けないのではないかと思われるくらい素晴らしいものです。

住んでいる家以外の空間や友人なども本人に影響するのは、意識がそこに向かうからです。意識はエネルギーそのものであるからです。

カルマはすべてを許すことによって消えます。愛によって焼き尽くされ灰になるのです。すべてを手放し、愛でつつむことです。すべてとは過去生、そして今

生の過去で傷つけた相手のみならず己をもです。

「カルマ」という観点から考えた場合、安易に相手の病を癒す行為が「本来相手が行うべき学習を妨げている」ことになる場合もあり、熟慮しなければなりません。これは常に自身への戒めであると考えています。

人助けと思ってしたことが、新しいカルマを作って、さらに苦しむことになることもあるのです。目の前の人が癒された後のことも考える――これは私が時間をかけて理解していったことなのです。

「過去生」を開く

問　過去生があると肯定する方のほとんどは自分の転生について関心を寄せるものですが、それを知ることの是非を教えていただきたいと思います。

答　過去生のいくつかを知らされることで、そこでの思い出や人々とのつながりを懐かしむ方がおられます。

しかし、**過去生にこだわりすぎることはそこに縛られて前に進みにくくなることでもあります。**「カルマ」を「行為」としてとらえた時に、カルマはそれぞれの魂が幾多の転生を繰り返す中で刻んできた履歴の総体でもあります。ほとんどの方は現界に生まれる時に「過去生の記憶は封印される」という条件がつけられますが、リセットという条件をはずすことはこの世での学びの約束に反することでもあります。そのことで得るもの、失うものがあるのではないでしょうか。

過去生の封印を解かれることで「そこで磨いてきた技に目覚め、才能がより発揮されやすくなる」「トラウマが解放されることでこの世の働きが円滑になっていく」といった素晴らしい効果はありますが、一方で「模索していくことで得られるはずのものが得られない」「過去生でのトラウマの解消に意識が向かうあまり、贖罪意識そのものが義務感になってしまう」「過去生での上下関係などを気にしてしまう」といった副作用もあるのではないでしょうか。この両面があることを私たちは見ていかなければならないと思います。

私は上の許可を得た上でその方の過去生を見、御本人の魂の気づきに必要だと判断した時にはそれを告げていました。

その時に過去生での自分を知り、この世で再び縁に触れて喜ぶ人がいる一方で、中には過去生の姿やカルマが様々な形で噴出してきて、その感情がなかなか治まらない人もいるなど、実に多くの反応を見てきたのです。

そうした経験を経た上で、何故神は「記憶の封印」というリセットを転生時に私たちに設定したのか、そしてそのルールをはずすことの是非を絶えず考えるようになりました。

そして「封印をはずすことをためらうこと」そのものが、神が私たちに与えた課題であり、無限に向上する魂たちへの大いなる励ましではないかと思うに至ったのです。

過去生をどこまでも遡っていける能力のある者にはその様子を見せ、見せられた者は本人に告げるかどうか、そしてその範囲も含めて常に相手の魂の成長を考えることを求められているのではないかと考えます。
従って現在では、私が必要と判断した稀な例を除いて過去生を御本人に告げることは控えるに至っているのです。

国のカルマと個人のカルマ

問　私たちは隣国との関係において、今生において生まれ、暮らしている国のカルマを背負わなければならないと感じることも多いと思いますが、個人と国のカルマのお互いの関係をどうとらえたらよろしいでしょうか。

答　**私たち一人ひとり、家族、地域、国、地球それぞれにカルマはあります。**ある国が隣国を攻めたことによって、攻められた方の人々は恨みを持ちます。同時に攻めた方の人も罪の意識を持ちます。互いの感情を消すのは簡単なことではありません。国民や民族の集合意識というものがはたらいてくるからです。

現在、シリアでは政府、反政府、ＩＳに分かれて争い、多くの難民を出すほど混乱を極めています。この地ではかつて十字軍の遠征の際にも激しい戦いがおこなわれ、アンティオキア攻囲戦は特に有名です。またＩＳの支配地域はニネヴェを中心として一大帝国を築き上げたアッシリアの領土と重なっており、その中には現在のシリアも含まれており、支配が苛烈なことで知られていました。

国どうしの関係ではそうした歴史上の経緯が存在し、カルマの解消を実現させているようにも見えますが、そこに縛られすぎては前に進めないことも確かです。

反省し、真剣に祈ることによってその感情を鎮めていくしかありません。

たとえ災いが降り注いでも、自らが浄化していれば、その災いを受けることはないという事例を御紹介したいと思います。

山梨に明想のための部屋を建てる時、大切な場のためにより良い材料でと思い、二百五十万円から三百万円ほどを製材所に支払い、材木を手当てしたことがありました。予約した材木は乾燥させるためにビニールシートをかけて材木置き場の一角に置かれていました。

ところが、ある日、一人の男が材木置き場の敷地に入り込んで放火したのです。製材所の事務所が激しく燃えさかり、周囲の材木も次々と燃えてしまいましたが、私たちが予約しておいた材木は一本たりとも焼けていなかったのです。

私は明想室の建設を延期し、難をまぬがれた材木を製材所に差し上げて、それで事業を再びスタートしていただきたいと申し出ました。これでその材木はよりいっそう生かされてゆくのです。

「業火に包まれた中でも焼け残った教会」「津波の中、周囲が濁流にのまれてしまった中で助かった人」など、これらは偶然とも奇跡とも呼ばれますが、起こるべくして起こっているといえるのです。

理想郷の映像

問　先生にとって理想郷とはどのようなものでしょうか。

答　私は二十数年前にある一つの映像を見せられました。その印象が余りにも鮮烈なため、今でもよく覚えているのです。

そこには影がないのではないかと思えるくらい穏やかで優しい光に包まれながら、小さな島に住む百人ほどの人々が互いに愛し、許し、平和のうちに暮らしているのです。彼らに微笑みが絶えることはありませんでした。

完全ともいえるような調和の中にあって病気も事故もなく、穏やかに暮らす様子は「夢か」と思えるほどでした。

日々の調和、まさしく絶対調和の中にいると、病気知らず、薬いらずになるのではないでしょうか。平和、愛、完全、調和の中にいて悩むということはありません。

たとえあなたからみて未熟と思える存在も全体の一つです。無限の愛、無限の許しで未熟なるものの成長を願い、導いてあげることです。

「心に愛を、この者たちに与えられるように」と祈ってください。

あなたが人に対して差別する波動を持つ、その段階で失敗といえます。あなたが考える差は、宇宙からみればほんの小さなことです。そのほんの小さな差が、感情という偽我から発せられたエネルギーが入ることによって増幅されてしまうのです。

それが、拒絶や怒り、さらにはより激しい行為を招いてしまうことになるのです。そして行為の結果が増幅する程度が日に日に増しています。

全体を同じように愛することです。全一体であることを悟り、真の自分を知るのが生かされている最高目的と考え、謙虚さをもって人々に接し、ものごとに接し生活していってください。

あなたが人生の中で「至福」を感じた時を思い浮かべてみてください。「青い海と白い砂浜のリゾート地ですごした時」「一面のラベンダー畑を眺めた時」「木漏れ陽が落ち、小川のせせらぎが聞こえる小道を歩いた時」「ＵＳＪやディズニーランドで遊んだ時」「古都を心おきなく巡った時」など楽しい思い出はそれぞれあると思います。それはあなたの記憶の中の理想郷です。しかし、理想郷とは環境の良い山里の中の静かな桃源郷のような世界だけではありません。粗い波動の中でまず己を鍛え、周囲をも変えてゆくことで作り上げることのできるものであり、そこにこそ価値があることを知っていただきたいと思います。

「この世」の法則

問　私たちは今、地球という星の三次元の現象界で生きています。現象界である「この世」を貫く根本の法則を教えてください。

答　この世では得ようとすれば奪われます。与えたならば与えられます。性質が似た者、過去生で縁ある者は集まりやすいものです。

原因も結果も表裏一体、見えるものも見えないものも一体です。他人に奉仕することで奉仕される存在になるのです。敵と味方を隔てることなく、さらにそうした認識そのものをも持たずに暮らしていくことで敵は敵でなくなります。意識することはすべて偽我から発せられるものです。

この世では一人の人間の行いの結果が一定の場を通し、一定の時間の経過をともなって本人に一定の結果となってかえってくるのです。行いの結果は相手から直接ではなく予測もしなかったところからかえってくる場合もあります。

思いは波動、言葉も波動として相手に伝わり、身口意は自分にかえります。そのかえってくるスピードが日々速くなっているのです。

命を船長とする肉体と命そのものがエネルギーのフィールドを形成し、自分と場との調和が乱れた時に病気を招き、災いを呼ぶのです。しかし、自身の過去生も含めた思い、行い、祖先のカルマさえも、根源を知り、真理を知り、悟りによって消していくことを日々根気よく続けることで徐々に刈り取られ、病気という現象からも大きな学びができることになるのです。

苦しみを味わえる楽しみは幸せです。苦労を喜べる自分であってほしいと思います。そうした姿勢は災いを遠ざけます。

宇宙に偶然は一厘たりとてありません。自我が強ければその自我の強さに応じて自分自身が跳ね飛ばされることになるのです。

愛することは愛されるより尊いものです。

私たちは全一体で、互いに生かし生かされて生きる存在であることを心から悟り、隣人をはじめ関わるすべてのもの、そして命をつなぐ糧となるものに対して心から感謝して日々生きていかなければなりません。

何故ならば、限りない幾転生の中で関わりをもたなかったものはなく、この宇宙がはじまって以来、宇宙に存在するもの全ては自分とつながっており、自分のひとつだからです。目に見えない粒子一つ一つさえも自分を構成する一要素であったことがあり、山も海も全て自分なのです。ものごとは離合集散し、形を変えて流転しているのです。そして流転するものを生かすのは命であり、命は根源につながっているのです。「我は全て」「全ては我」なのです。

蒔《ま》いた種を刈り取る

問　近年、様々な場面で「二分化」が進んでいるように思いますが、先生のご意見をお聞かせください。

答　自分が発したものがそのままどころか、何百倍にもなって自分にかえってくることがあるのを知るには、自ら体験するのが一番良いのです。良いことも悪いことも作用は反作用を生み、しかも増幅されて自分にかえってくるのです。
沖縄で私は、あるエネルギーが地・水・火・風・空に触れて激しい勢いで跳ね返されてくるのを明想の中で、はっきりとしたビジョンとして見せられたことがあります。明想の中でこそ根源の実相を見ることができるのです。何ものでもなく、自らの力で跳ね返されてゆくその様子は強く印象に残っています。

「身から出た錆」の言葉どおり、鉄が酸化して錆が生じるように、自分にも何らかの原因があって障害がおきるのです。

自分が起こした事はある時には間接的にかえってきますが、いずれにしても蒔いた種は自分で刈り取らなければなりません。種が多くの喜ばしい実となるのか、苦いだけのものになるのか…、時には自らの生命《いのち》で償い、刈り取られることさえあるのです。

私が以前から光話の中で繰り返しお伝えしてきた通り、ここ数年間で人によって大きな差がつきます。良くなる方、落ちていく方の差が激しくなります。そして、小さな非難が大きな事故につながることさえ出てきます。「山は口を開けて待っている」のです。

本質から離れたものはあなたに一時の快楽を与えはしますが、それは永続きしません。本質に近いものほど、そのはたらきはゆっくりではありますが続いてゆくものです。

人は予測もしなかったことに出会うと「何故？」と驚いてしまい、時には考え込んでしまうものですが、原因と結果の世界からみれば、すべては法則の現れです。

僥倖《ぎょうこう》の前兆が、次々と襲い来る災難であったりすることもあり、大きく飛躍する前にはひざを曲げ、身をかがめなければならないのです。

すべての責任は自分自身にあると心に定め、我神なりとその命を輝かし、すべてを愛し、光となって力強く一日一日を送ってください。

地軸のずれ

問　最近の異常気象の象徴として沖縄地方も非常に寒い冬を経験しましたが、われわれの地球と人類に何か示唆しているのでしょうか。

答　二〇一六年一月下旬、奄美大島に一一五年ぶりに雪が降りました。私は三十数年前に、「暖かい沖縄にも雪が降る」と言っておりました。気候の変動は徐々に激しくなっています。

若い頃私はコマ回しの達人と言われていましたが、コマの中心に狂いがなければ、手の中で回した時に重さを感じないものです。少しでもずれがあれば重く感じるのです。

弦楽器の弦の調律と同様、人が中道を完成させた時には、こんこんと湧く泉のように内に潜んでいた能力が湧いてくるものです。手の中で美しく回転するコマは知恵に満ちている姿そのものです。

しかし、現在、地球単位で軸がずれはじめているのです。軸と共に磁気の流れも変化し、様々なところに影響しています。

天災や事故は人類に目覚めを促しているのです。これ以上歪めるととりかえしのつかないことになるという警告で、その状態に追いやったのは他ならぬ人類自身の身口意です。

地球上のそれぞれの地域は人間の臓器にたとえることができます。流れる球、琉球から「真我なる光」が放たれる時、軸の歪みを正すことができると思っています。見える世界を正せるのは見える肉体をもつ我々一人ひとりであり、「覚醒」と「救済」の役割を担っているのです。

本質を知っている者は神のしもべ、働き手となってそれを貫き通すことで真理を知ります。覚醒した者には昼も夜もなく休みもないのです。

私は覚醒に至って以来、北海道から東京、沖縄など全国各地、海外ではニューヨーク、バンクーバー、北京、香港などと移動し、毎日昼は光話、明想、ヒーリングの三位一体を続け、夜はあの世の霊たちに光話をしております。これは終わることはありません。肉体を脱ぎ去ったあともあの世の霊たちに語りかけ、あの世からこの世の魂たちを励まし続けるからです。

親と子の絆

問　親と子は強い縁で結ばれていると思いますし、子供との関係は実際に子を持った者でなければわからないことも多いと思います。成長に伴う楽しみがある反面、悩みも尽きないと思いますが、子どもとの接し方について、一つアドバイスをお願いします。

答　この世に生を受けてくる者の中には、幾転生の人生の中で積もったすべての汚れを今生で刈り取ろうという強い覚悟をもって生まれてくる者もいます。

身体の一部が不自由な方、重い病気の方、そして辛い境遇の中にいる方も、神として完全であると見なければなりません。

親は子供が寝ている時、愛のエネルギーを伝える能動的な象徴である右手を子供の胸にあてて、「この子は完全である」という強い意志でヒーリングしてあげていただきたいと思います。強い意志にもとづく思いは子供に確実に伝わっていきます。

母と子の波動は違い、カルマの質や内容も違い、相性も違います。しかし、子は生まれてくる前に、あの世から親となる人を見、この親の元であるならば……という思いで生まれてきます。その思いに答えてあげるよう努力してください。

これまでの輪廻転生の中で、積み重ねてきた汚れが多ければ多いほど、また刈り取ろうとする意志が強いほど、この世では辛く厳しい人生を送らなければならないこともあると、多くの方を見てきて思います。

また、汚れの少ない者でも、より高い段階へと願う魂も仕上げとして困難な道を選択する場合もあるのです。無限に向上しようという強い意志を持てるということそのものが尊い御魂であることの証なのです。

目の前の子供を「完全」と見られず、日々苦悩されている方もおられるかもしれませんが、どうか乗り越えていただきたいと思います。

特に母親と子は一体で、プラスの思いもマイナスも互いにすぐに届いてしまいます。

子が親を否定することは自らの選択を否定することであり、親が子を否定することは自らの浄化の機会を否定してしまうことになるのです。

また、「結婚できない」「子供ができない」と悩む必要はありません。この世の常識は時として非常識であり、偽我から出ていることもあるのです。「こうならなければならない」と思い煩《わずら》い、縛られることなく「ありのまま」を喜ぶことも大切なことではないでしょうか。

肉体をまとうこの世では、生老病死《しょうろうびょうし》をはじめとして様々な制約の中で生きなければなりません。その意味で苦ではありますが、その中でこそ生きるのです。

自分という「全一体」

問　先生は光話の中で「全一体」という言葉をよく使われますが、この先生のお話の中の貴重なお言葉、「全一体」について教えてください。

答　富んでいる者も貧しい者も、年老いた者も若き者も、この世に存在するものすべてに意味があります。そうした見方ができないということは自らを傷つけることにつながります。

全一体――殺した人も殺された人も、それを見ている自分自身も、すべて自分なのです。

真我は様々な偽我を作り、それを克服し、磨いてゆくことでより真我としての輝きを増すのです。偽我とは個性、思い込み、感情、欲望などの総体を表現します。「一命一体」「自他一体」そして「全一体」なのです。真我、偽我も二者一体で表現するのです。

特に私たちの目の前で罪の行いがなされた時、それを看過してしまうことは悪いカルマを作ることになると神は言います。罪を見て見ぬふりをすることは「ゼロ」ではなく罪を実際に犯すことに劣らぬほど良くないことであると言っているのです。

罪を正す時に「神よ、この者たちに光を、心に安らぎを」と祈る、その対象は殺した人、殺された人、そして自分自身なのです。自礼拝も必要なのです。**自らを愛せない者はすべてをも愛せないのです。**

あなたが目の前の者に対して見下げた言葉を吐けば背負いきれないほどの罪を負うことになります。これは心してください。差別する心が生じ、それを言葉に出すという行為には特に注意してください。

内在する神により一点の狂いもなく裁きが行われます。このことを知ってくださ い。裁きという表現よりも「結果を招く」「作用を及ぼす」という方がふさわしいかもしれません。誰が罰するのではなく、この宇宙の意志が自然に、言った本人にある状況をもたらすことになるのです。

相手によって自らの態度を変える人は、相手によってその扱いを変えられます。

あなたが行ったこと、言葉に出したこと、思ったことは多少の時間の開きこそあれ、あなたにかえってゆくのです。

その仕組みを悟り、身をもって知ったならば、相手も自分であるとして接し、たえず謙虚でいることを心がけてください。やがて周りが常に穏やかにあなたに接してくるようになるのがわかり、心が平安に包まれるでしょう。「悟り」は「差取り」に通じます。全一体を知り、執着することなく神として生きることです。

それを日々続けていくことにより、あなたの行く先々で黄金に輝く幸せの扉が開かれていくことでしょう。

瞬時の悟り

問　「すべての者に愛を」というこころは理解できるのですが、現実にすごい勢いでナイフを持ってこちらに突進してくる者に対しても、そう思えるものでしょうか？

答　「秋葉原の通り魔事件」のような出来事は、誰も身近で体験したくはないと思いますが、波動の上昇に伴って、生きているのが辛い、苦しいと感じる方がいる限りなくなることはありません。そういう方はむしろ増えていくかもしれません。

二十九年前のことですが、私は、ある作業をしている時、一リットルの硝酸が入った容器が突然目の前で燃え上がり、左目を失明しそうになったことがあります。

私は病気には縁がないのですが、事故や怪我は多かったものです。若い時にビルの二二階から落ちても、八階の梁《はり》に何とかぶら下がって生きていたということもありました。

硝酸が燃え上がった時には三通りの選択があったと思います。完全意識であったならば焼かれることはありません。しかし、当時はまだ完全意識というものに到達したという状態ではなかったので、瞬間的に私が選択したのは、「一旦焼かれたが乗りこえる」というものでした。カルマだと思っていたら意識が受動的になり失明していたことでしょう。

完全に神と一体となろうと思わなければ危なかったと思います。**一瞬一瞬に悟りへの真理が示されている**のではないでしょうか。

また、永久モーターを作ろうとアクリル板を扱っていた時も、カッターの刃が飛んできたことが二度ほどあります。目の細胞が、飛んでくる動きを細部まで記憶しています。スローモーションのようにその動きが見え、身をかわして難を逃れることができました。

野球でも強打者などが調子の良い時にはボールが止まっているように見えることがあるといい、格闘技の世界でも達人の域に入った方は相手の次の動きが手にとるように予測できるといいます。いずれも、スポーツ選手として日頃から鍛錬を続けた結果、神が与えてくれたプレゼントなのではないかと思います。

一瞬とはいえ、神の領域を垣間見せてくれたのではないでしょうか。

通り魔事件に遭うことや直接巻き込まれてしまうことは人生の中でも稀なことと思いますが、そうした場合においても瞬間的に「我神なり」と「神との一体感」の元に対処行動を選択すれば、難を逃れるか少なくすることができるのではないかと思います。

「この世」の台本

問　人生は舞台にたとえられることが多いものですが、それぞれの人生において、あらかじめ台本はこの世に来る前からすでに決まっているものでしょうか。

答　私たちが運命のルールに全て支配され、**この世での運命がすべて決まっているとすれば、この世に生きる意味などありません。**

しかし、運命に一定の幅は与えられます。

あの世から現界に来る時に「本人の意志や希望」は聞かれます。現界の粗い波動を砥石として「ここを磨きたい」「今度こそ達成したい」という願いは聞かれます。

子が両親を選んで生まれてくるということそのものが運命の幅を作ってはいますが、その後の選択肢によって様々な可能性が待っています。過去生も未来も一部の例外を除いて本人にはすべて伏せられて生まれて来て、その中で己を磨き続けていくのです。

地球の現界に転生する時にはいくつかのルールがあります。「過去生での縁、実相界での学びも含めて過去の記憶を消される」「国籍・人種・境遇に関係なく転生はおこる」などいくつかあります。「徳の集積」だけが来世を決定する要素ではありません。これは現界の粗い波動を砥石として「完全」をより完成させるため、つまり無形無相では知りえないものを体験して真我、偽我の二者一体で顕現させるためなのです。

神々のコンピューターは一点の狂いもなく数々の転生を紡ぎ出しています。中には己を改善する目的で敢えて最悪の環境を選んで生まれてくることもあります。

かつて聖者であった者も、もう一度小学生から学ぶということもあります。高い御魂《みたま》に対しては「おためし」のようなものもあり、言葉では言い尽くせないほどの体験を続ける場合もあります。

富を盾にして、貧乏であることを見下した人生を送ると、今度は逆の立場で生まれ、相手の立場を味わい続けていくということもあるのです。

また、黄金の宝の上に座っていながらそれに気づかず居眠りを続けていることもあるのです。

そうしたことも含めてすべて人生なのです。

人生の中で我に目覚め、本当の自分は神だと知ることで限りない喜びが得られるものです。「我神なり」そして「我命なり」に至らない限り完成などないのです。

私が覚醒に至り悟ったことの一つは、「あの世でできることはこの世でもできる」ということ、具体的には「飲まず、食べず、他者のために祈り働き続ける」「より高い波動の状態で肉体ごと移動させることも含めて――思いを実現させる――」ということなどでありますが、これを日々実行していくことで喜びに満たされているのです。

「こころざしをはたしていつの日にか帰らん」と童謡「ふるさと」の歌詞にありますが、正に私たちの人生そのものの姿であると思います。

第6章

輪廻《りんね》の旅

輪廻《りんね》転生《てんしょう》を信じる人は、教義上肯定していないキリスト教徒の中でも少しずつ増えているようです。

私たちにとって自分の過去生をどうとらえるか、また現界を去った後の「あの世」についても興味を持たれる方は多いのではないでしょうか。

そして、私たちの住む地球では何故このようなシステムを選択しているかを、広い視点から解説していただいております。

輪廻

問　世の中には過去生（前世）を信じている方も多いと思いますが、転生というものを先生はどうとらえているのでしょうか。

答　目の前の人が抱えている問題を解決する方法を探るために、私は「上」の許可を得て、その人の過去生を見ることがあります。幾転生の中において、現在、その人の問題となっているものが過去生の行い（いわゆるカルマ）による場合はたしかにあります。

また、その人の持つ思い癖をはじめとする独特の偏りによって生じている場合もあります。今、あらわれている問題の主な原因が何かを探るため、カードをめくるように一つひとつ過去生をさかのぼることもあります。

前世で親しかった者どうしが同じ時期に近くの場所で生を受けたり、人生の途中で出会い、友になることはたしかにあります。

能力のある人がそれを自覚し、懐かしがるのはいいのですが、そこにこだわりすぎてもかえって魂の成長の妨げになる場合があります。むしろ、過去は過去、今生は今生と割り切った方がいい場合が多いくらいです。

なぜかといいますと、本人がかかえるトラウマのブロック外しには過去生を知ることはプラスに働くことがありますが、過去生での上下関係や立場といった「外」の要素を人間はともすると引きずりやすく、それが今生での学びを進めていく上において妨げになることもあるからです。命そのものに目を向けることが大切ではないでしょうか。

人はこの世でもあの世でも魂の成長を欲するもので、その目的は根源へとかえることにあるのです。従って、ヒーリングの際にその方のトラウマになっている過去生をあえてご本人に告げないことの方が圧倒的に多いのです。

人によっては木蔭で踊るロンドのように、国は違っても似たような環境の下で転生を繰り返す魂もあります。それは同じ課題をクリアできなかったためである場合もあり、さらには特定の使命をこの世で果たすために本人がやりやすい環境を選んでいる場合などの理由によるものです。また、殺す方と殺される方を交互に経験する魂、過去生で使う立場だった者が使われ、敵同士が友人になったりと実に様々です。

いずれもそうした条件の中で学んでいくのです。

さらに、「過去生」という魅惑的な言葉で誤った情報を与えられる場合もあり、注意しなければなりません。優れた能力と見識を持っている能力者もおられますが、一方でそうとはいえない方々もいます。アドバイスを受ける前に能力者もよく選んでからにしていただきたいと思います。

通常一つの魂は立場や地位などが異なる実に様々な人生を経験しているものであり、決して恵まれた転生だけを繰り返しているわけではありません。過去生というものにこだわりすぎることなく、根源に意識を集中するように心がけていただきたいと思います。

転生の時間

問　転生の平均時間というのはあるのでしょうか。

答　人により、この世に転生してくる間隔は異なります。亡くなって瞬時にこの世に転生してくる特別な例もあります。転生までに数十年のこともあり、ある者は百年、千年、さらに一万年という長い時間がかかることもあります。しかし、この世とあの世の時間の流れは異なり、むこうの世界から見ればあっと言う間です。

転生の場ということでは、例えば「アトランティスの神官であった者たちが現代の日本に集合する」といったように、何故かある時ある場所に特定の目的をもって集中して転生してくるということはあります。

あの世とこの世では時間と空間の基準が異なり、より精妙な波動のあの世では、他に奉仕し、導くことによってその行いの蓄積が評価され、その魂の働き方も変わってゆくのです。より働きやすくなるのです。

現界では魂と肉体、そして生きる糧の獲得と人生の目的をどのように調和させていくかが日々試されています。あの世と現界ではそれぞれ学び方の違い、学びやすさの違いはありますが、目指すところは一つ、根源の世界に立ち返ることです。

また、より大きな役割を後に果たしてもらうため、あの世で計画していたよりも早くにこの世から引き上げられる魂もあります。残された方々は悲しみますが本人の使命を優先させるようです。

この世の「寿命」というものを考えた時、例えばある方が優れたヒーリングによって重い病が癒されたり、名医による手術によって奇跡的な回復を遂げたとします。その場合、その方はヒーラーや名医に出会う時期に来ていたと考えられるのです。

そして、**悟っている者が早くこの世を去るということもありません。**

さらに私が明想の中で会った方の中には、見かけが一七〜一八歳にしか見えないもののあの世で三百年経っている方もおりました。あの世では外見はより自由になります。

この世に肉体を持って生まれて出てくるのは、カルマの解消という目的意識が今生に思いをつなげ、輪廻転生をしてくる場合と、迷いから離れ、解脱に至ってあの世の光の世界にいても、悩み苦しみの中にいる兄弟姉妹を救いたいとの強い思いから敢えて肉体をまとってこの世に降りてくる場合の二通りがあります。

すべて宇宙の大いなる仕組みの中で生き、生かされていると考えてください。

魂の試練

問　残念なことに世界ではストレスが原因なのか、年間に多くの方が「自死」という形を選択し亡くなっています。自殺も魂の癖でしょうか。

答　人は宿題であるカルマを克服するという課題を背負ってこの世に生まれてくる

ものです。この世においてそれぞれのもつ思いぐせ、悪習を克服していかなければなりません。

私は意識のレベルを変え、上の許可を得た上で一人の人間の過去生やあの世を見ることができますが、そこには実にさまざまな様子が見えてきます。

ある日のヒーリングで生気のない顔色の方が来られました。聞くと、どうしても自殺したいという衝動にかられるというのです。意識を変えて霊視してみると、その方は過去生の中で六度も自殺しているのがわかりました。その方は自殺という癖を克服するまで転生を続けるということになります。

また、どうしても自分の子を愛せないという方がいて、同じ課題の克服のためにこの世でもあの世でも悩み苦しみもがいている様子が見えました。そうした潜在意識レベルでのトラウマを克服するために、程度が重いと思われる方には例外的に過去生のことをお話し、感情を解放させることはあります。原因がわかることで生き方が変わることがあるからです。

ほんの一部の例外を除いて、ほとんどの方はこの世に生まれる時、過去、未来の約束事をすべて伏せられて生まれてきています。

この世とは盲目の中で手探りで我を知る為の場所です。

日々の生活の中でも、本人が冷静に考えてみると、それとなく今生での自分の課題はわかってくるものです。思い悩む、集中力がない、他人を羨むなど日常のほんの小さな癖なのですが、それが結果的に本人の成長を大きく妨げている場合もあるのです。

問題は自覚したことを認め、正してゆくこと、または欠点を優位性に変えていくことです。ほとんどの方は気づいただけで、克服する以前に日々の生活の中でかき消されてしまうものです。さらには気づきさえしない方までいます。

私たちは魂として本来は輝きに満ちていました。それが幾転生の中で魂に汚れをつけてしまっているのです。物質界という粗い波動の中で人類がどう耐え、どう変化していくかという大いなる試みの旅を続けているといってもいいのではないでしょうか。

神は我、我は神です。自分を愛せないものは神をも愛せないのです。

縁にふれて

問　私たちはある土地に行った時にデジャヴュ（既視感）を感じることがありますが、土地との縁というものはあるのでしょうか。

答　デジャヴュ（既視感）に限っていえば、その原因は大きく分けて「過去生で行ったことがある場所」「この世に来る前にあの世で見ていた風景」「予知夢の中で見ていた風景」など無数にあります。

この世で出会う人、行く場所もすべて縁でできており、そこには見えない法則がはたらいていて、偶然ということは何一つありません。

それは明想が深まった時に心から理解できるようになります。

私は三十数年前に山梨に移り住みました。私の生まれた地「琉球」は「流れる球（真理）」を世界に伝える場所と考えておりました。また、そうでありたいと願い続けてきました。

私が宇宙意識に到達し、やがて真栄田岬での覚醒の後、しばらく沖縄の地で説法を続けていましたが、山梨に居を移したのは、教えを広めるため全国に移動するのに便利であると考えたからです。

私の父は一歳で両親を亡くし、父は姉の手によって育てられました。その伯母が嫁いできたのが山梨、しかも居を構えた近くであったことが後になってわかりました。山梨でセミナーの場としている所から五分ほどのところに伯母が嫁いだ家の墓があります。

また、沖縄で私が説法の場所として「神性科学研究所」を設立したのは、私が若い頃に暴走行為をしていた場所だったのです。私が若さをもてあましていた場所で「光話」を開始しました。神があえて縁のあるその場所からスタートさせたのだと考えています。

このように**出会う人、行く場所も何らかの縁でつながっているのです。**

霊的能力が多少ともある方は、縁あって会う方が過去生でどのようなつながりをもっていて、今生何故目の前に現れたかがわかるものです。

それが過去生での宿題を解くためであるとわかれば努力し、今生で力を合わせて目的を達成するためとわかれば、そのように努力をするものです。しかし、過去にひきずられすぎるのは良いことではありません。

霊的能力が開いていない方は右往左往し、感情に操られてしまうのが普通です。けれど、能力者のアドバイスによらずとも何かを少しでも感じることができれば、それが端緒となってものごとへの対応に変化があらわれるはずです。

人や場所のみならず、「縁」にふれて人の心は動きます。しかし、ものごとは角度、次元、立場を変えたり、軸を増やすことで意味も価値も変わってみえます。あたかもオセロの白と黒のように価値の逆転が容易におこるのです。一方の常識が他方の非常識になるのは人や国でも同じです。一見悪いものごとに思えることも、カルマの解消であったり、大難を小難にするものだったりします。しかし、それら全ては現象なのです。目の前の現象に振り回される存在であってはなりません。縁を生かすも殺すもあなたの姿勢ひとつなのです。

守護霊の資格

問　守護霊は血縁関係にあった先祖がなるものという説が通説になっていますが、どうお考えでしょうか。

答　この世にあなたを助け、杖となる友が近くにいるように、この世という粗い波動の中で少しでも成長しようともがく者を導く天使のような目に見えない存在がいます。通常「守護霊」といわれる存在で、精神科医として多くの方々を救い活躍されている越智啓子さんは「守護天使」と呼んでいます。

それらの存在によって私たちは常に守られているのです。

一人の人間の成長を補助したり、縁を作ったり、才能がよりよく開花するように指導したり、あるいは魂の成長という、より大きな観点から厳しく見ている存在もいます。「司配霊」「指導霊」「補助霊」とそれぞれ呼ばれている存在です。

その中でも「守護霊」といわれる存在は、一人の人間と肉体的つながりを持った縁者がなるわけではありません。悟りに至った者が守護霊になるのです。解脱に至った者でなければ守護霊になる権利を与えられることはありません。

肉体、幽体、霊体と長い旅の中においてそれぞれの層の中に私たちは汚れを付着させています。その汚れを削ぎ落としていくほどに自分自身というものがより見えてくるようになります。

見えない部分の汚れに引き寄せられるかのようにマイナスのエネルギーや霊が近寄ってくるのです。原因はすべて自らが作っているのです。

マイナスのエネルギーは、私たちの祈りとともに目には見えない守りの存在によって次第に消されていくこともあります。

日々の行動の際、決断に迷った時、明想して胸騒ぎが起こらないかを観察してください。もしないようであれば「肯定」と考えて前に進んでください。常識的にまた法的に問題がないと思われることでも胸騒ぎがする時には立ち止まってください。聖者でさえも「霊の衝動」を覚えているのです。

第六感と言われているものには論理性を超えた思考経路をとり、本質を見抜いている場合があります。イエス・キリストや仏陀のまわりに女性使徒や比丘尼が比較的多かったのも、女性が本質を見抜く力を天性のものとして備えているからとも言えるのです。

人は砂漠を旅する時、あまりの喉の渇きのため、オアシスという幻影を見、毒の入った水を飲むことさえあるのです。極度の疲労のため全身の感覚が麻痺し、正常な判断ができなくなっているためです。

「我神なり」の境地に私たちが至り、正しい答えを得た時、間違ったものは自ずと消えていくのです。

「偽我《ぎが》」が生まれる理由

問　先生は肉体を偽我とおっしゃっていますが、何故、この世において偽我をもって生きていかなければならないのでしょうか。

答
　真我《しんが》とは神性意識、仏性意識で、偽我とは肉体のことであり、思いぐせ、そして個性と思っているものの総体です。何故、完全な意識のままではなく、「完全→不完全→完全」というプロセスが生まれたのか。それは無形、無相では知りえないことを体験し、さらなる完成を目指すためです。
　真我を知るには偽我という反面教師を作ることによってより強く真我であることを認識する必要があるのです。「反面教師をより多様化することによって真我が真我であることを強く知ることになるのです。これは神性意識と肉体に限ったことではありません。
　一元が顕現するためには、真我・偽我の二者一体で顕現する必要があるのです。神は「私に似せて人間を創造した」といいます。人間がこの世に降ろされた時には神の完全意識と同じ状態でした。人間は何千歳でも二〇歳の頃に見えるくらい若かったのです。実際、肉体と魂が極限にまで調和した時にはそうなるものです。

明想で見た霊界の聖人にはそういう状態で見える方もいました。もっとも霊界では肉体をもちませんので、若々しくあれと思えば、そう見せることもできるのです。

神は人間に自由意志というものを与えることにしました。

しかし、ある時から人間が肉の側面にかたよって生きるという誤りをおかすようになり、そこに肉体と魂の「分離感」というものが生まれるようになりました。肉体が暴走をはじめたのです。魂と肉体の「分離感」は人の寿命というものを縮め、さらに人との争いにつながっていきます。

やがて人間は支配欲をもつようになり、堕落がはじまっていき、神は人間の寿命をより制限することにしました。

この世に人間が降ろされた時、女性は性交によって妊娠・出産してはいませんでしたが、何十代と下ってから分離感という錯覚に陥ってしまい、肉体主導になっていくのが、明想により根源の世界に到達することによってわかりました。

新約聖書には聖母マリアが受胎し、イエス・キリストが誕生する様子が記され

ていますが、それははるか昔に人類が子を宿し、人が生まれる一連の過程の再現であったのではないでしょうか。

明想という手段を通じて「融合」に向かうように努力してください。私は二〇一五年の八月、北海道で船から落ちてしまい、肋骨を三本折ってしまいましたが、意識の力すなわち「神の子としてのDNA」で立て直したのです。

本質から離れるのは迷いであり無知のなせる技なのです。争いは無知という分離感がつくり出すものです。私は二〜三歳の頃、「男も女も同じ」と言って笑われました。命という本質からみれば人間は衣裳をまとっているだけだということを理解していたのです。

唯一の命に分離や差別はありません。我が命あなたの命です。我は全て、全ては我です。人と人、国と国においても「分離感」をとりはらうことが必要なのです。真理追求とは「一命一体、自他一体、全一体」を知ることです。

究極の彼岸の姿

問　あの世の様子も変わっていくものなのでしょうか。

答　幽界・霊界の様相は時々刻々と変化しています。霊も現界の波動とは異なる世界に移ることで、思いが瞬時に実現し、その自由の度合いが拡大していくのを自覚します。一方そうした変化に最初の頃戸惑う霊もありますがやがて慣れ、自分の趣味に没頭していくなど、その環境や自らの姿さえ思いの力で選択できることに喜びを感じていくものです。

霊の中には現界で自分が本当にやりたかったことを納得のいくまで一定期間続けている者もあります。それは蝶の採集であったり、登山やトレッキング、温泉巡りや野菜作りと実に様々で、現界の時のように何かに煩わされることがないために没頭することができるその姿は本当に楽しそうです。

しかし一方で、その思いによって欲望の世界を作り出している者、現界の仕組みを引きずっている者、寂しさの中にじっと身動きできずにいる者などもおります。

盗みを業としていたものは逆の立場を味わい続け、殺した者は集められて殺し合いを続け、性に溺れていた者は性交をし続けるというように、それぞれの現界での行いに応じて分けられ、所業を続けていきます。一方でいきなり光に包まれた世界に行く者もおります。

霊は実に夥《おびただ》しい数の世界を作り出していますが、そのレベルに応じて存在できる世界は厳然と分けられており、それぞれの世界には境界があります。

霊はその進化に応じて自由度も加速し、やがて「食べる」という意欲さえも起こらなくなり、さらなる進化を遂げると白い光輝体となっていきます。

私たちが深い明想に至った時には、白い光を見、さらには吸い込まれるようにその光の中に入っていく感覚を体験することもありますが、その白い光に全身が包まれるような不思議な現象を味わう方もごく少数ながらおられます。

それは根源の世界を見ているという以外に、高級な神霊がその方を全力で守護している状態である場合もあり、誰にでも味わえるものではありません。大きな役割を持った方だけが体験できるものなのです。

根源の世界の存在が光輝体となったり、何らかの形でこの世にあらわれることも極めて稀なことではありますが体験できるかもしれません。そしてその神の住まう根源の世界のさらに奥の世界についても機会があればお話しすることができるのではないかと思います。

死後の旅路

問　亡くなった方の霊魂はあの世に行ってからどのような旅を続けるのでしょうか。

答　「死は生なり」で、この世の死はあの世の誕生日です。あの世に行った霊魂が辿る行程は人それぞれ異なります。現界での「身口意」の蓄積や到達した境地によってその行き先は明確に定められることになります。

死後一気に霊界（通常は天界・神界と表現します）へと駆け上がっていく方もおりますし、死を自覚することさえできない世界（幽界の下の領域）に行って死に目覚めることからスタートする方もおります。

しかし、多くの場合は現界にも似た薄明りに照らされた世界で一定期間を過ごし、その後、学びの場であった現界での体験を反省し、検証していくという学習が行われます。ある目的をもって過ごした直前の人生の意味を、過去の幾転生の中での位置づけとして観察・分析する作業をしたり、実際に辿ってきた体験とは異なった道を選んだ場合の可能性を探ったり、自分の行為が周囲の人々に与えた影響を、その感情を含めて追体験したり、それをかなり広範囲から俯瞰《ふかん》したりということを続けますが、決して恐れるものではなく、比較的に理路整然と行われていきます。

そうした検証を通じて様々なことを学んでいくのです。

こういったプロセスを一切踏まない例も、さらにはこうしたプロセスを極めて短期間に終える例も中にはあります。

あの世では時間の尺度が現界と異なりますが、現界に戻るまで人によって現界の時間で数日から数百年、あるいはそれ以上かかる場合もあります。

しかし、**あの世に行ってからの学習の中には現界でもできることが多いのです。**現界でできることはクリアしてしまうことで、あの世に行ってからの学びと向上のスピードが加速されるのです。

すなわち、今生で自分が行ってきたこと、味わった様々な体験を振り返り、その中で相手の感情を傷つけてしまったと思われることがあれば真摯に反省し、その痛みが少しでも和らぐようにと祈ることが自らの学びと向上になるのです。

日々の生活の中にこそ宝があります。悟りとは社会の中で己を乱さずに生きることから生まれます。不老不死である永遠の命を知り、生き抜くことです。

「我は命そのものである」と知れば、年もとらず死ぬこともありません。神の法則は作りかえられることはなく、真理も同じです。心を愛で満たし、「我命なり」

を貫き通すことです。

命の波動

問　日本ではやむを得ない事情で堕胎をする方が多くいて、そのことを悩んでいる人も少なくないと思いますが、どうとらえるべきでしょうか。

答　堕胎をしてしまったことで悩み苦しむ方は多いものです。特に性格的に真面目な方ほど長く悩んでいるように思います。堕胎は一つの命がこの世に生まれてくることなくあの世にかえっていくことですから、残念であることに違いはありません。また決して褒められることではありません。

現在私たちは肉体と心の悦びの表現として性というものをとらえる場合が多いのですが、宇宙には様々な形があります。人類も初期の頃には「思念」で子供を宿す形をとっていました。

性交というものを快楽を得る手段として考えたり、逆に子孫を残すためだけと考えたり、全く異なった概念が宇宙には存在しています。後者の場合には波動が子供に伝わることを考え、より良い環境を選んでいるようです。

自縛とはある考えに固執し、自分を縛ってしまうことで、堕胎したことで自責の念にかられ続けるのはその典型といえるでしょう。

子宮にはその人独特の波動があります。そこに宿った胎児は一定期間育ったあとに魂が入ります。たとえ魂の入る前であれ、後であれ、縁がなくこの世に生まれ出ることのなかった命は、衣裳としての肉体をまとうことができなかっただけともいえるのです。

命は「久遠常在永久不滅」です。 この世に生まれ出てくることのなかった命は、あの世でもしっかり成長しています。中には、あの世から一定期間宿してくれた母に対して「私はこのように成長していますから安心してください」と念を送っている魂さえあるのです。「心に愛を、この者たちに与えられるように」とその成長を願ってあげることです。
堕胎に至るのは、親の都合という身勝手なものからではなく、本当にやむをえない場合もあるのです。堕胎によって今生、肉体をまとう機会が与えられなかった命は親を恨んでおりません。この世にいる者が平和で幸福に生きていくことがその子への真の供養となるのです。従っていつまでも悔悟の思いにとどまっていることは、双方にとって決して良いこととはいえないのです。

地球という小宇宙

問　私たちは生と死を繰り返していますが、これは地球だけでしょうか。

答　宇宙は神の壮大なラボラトリーです。神の花園といってもいいと思います。現象の世界に限っても、物質の最小単位から人間をはじめとする生物、そして

無生物などすべての個とその組み合わせを無限に作り、個の違いから生まれるとりどりの作用を学んでいるのです

作用とは人間同士では価値基準の違いから生まれる分離や集団の形成、物質の化学反応、生物間の食物連鎖、惑星の公転や銀河の誕生と死、次元間のシステム、物資と非物質の関係など、**学んでいるのは私たち一人ひとりであり神そのものなのです。**

地球には地球独自のシステムがあります。一つの小さな宇宙といってもいいと思います。

はるか昔に高い次元で地球に来た魂は、この地球において物質界での肉体を持ち様々な経験を経た後に幽界霊界にかえり、一定期間の後にほとんどの者は記憶を消されて再び現界に再生するというシステムを作り上げたのです。

現界で魂を包んでいた肉体を脱ぎ去った後、幽界に長くとどまるままの霊もいれば、都合の良い想念だけで作られた世界の中で浸っている霊もいます。

また、一度だけこの星の現界を経験し、すぐに元の世界に戻っていくという特

殊な例もあります。それも学びのためなのです。輪廻する必要がなくなった魂はより未熟な者を指導しながら自らもさらなる向上を目指します。魂の向上に限りはありません。気の遠くなるような時間を経た後、やがては独自の宇宙を創る方法を手にした存在は、はるかかなたに飛翔していくのです。

私は、深い明想の中で根源の世界を味わうことができ、また意識を少し変えることで日常でも目の前にいる方の過去生や魂レベルの問題点を見ることができます。

いつの日か、私が明想の中で知りえた光り輝いている根源の世界の扉のさらに奥の世界の様子もお話しできるのではないかと思っています。

宇宙には砂の数ほどの世界があり、既に物質界を必要としないシステムを作り上げている世界もあり、その様相は実に変化に富んでいるものです。私たちの想像をはるかに超えた世界もあるのです。

私は「波動」というものを南米のジャングルの中の蟻から学びました。小さな蟻の行列は誰からも教えられることなく行く先を定めているのです。砂糖を置くと何キロも先から辿り着くのです。この小さな蟻たちから宇宙の果てまで神の計画は一時も休むことなく働いているのです。

第7章　隠された真実

私たちが何気なく接しているデザインや数字には思いもよらない意味が隠されていたりします。また、常識とされていることにも盲点があったりするものです。

それらのうち、沖縄や山梨での先生自身によるＵＦＯ体験も含め幾つかを選び、「先生の目」を通して解説していただいております。

「神の島」の最後の部分では、荘厳なイメージが目に浮かぶようで、何故か再び光輝く沖縄に行ってみたくなります。

日の丸というデザイン

問　途上国の奥地の調査が無事に終わり、首都に戻って日本国大使館にはためく日の丸を見て、そのシンプルな美しさに感動したことが何度かあります。日本の国旗である「日の丸」について、その霊的意味を教えてください。

答　「白地に赤く、日の丸染めて――」という歌にもある日本の国旗「日章旗」は正式には一八七〇年、明治政府によって制定されました。

国旗のデザインとして使われる月、星、太陽などのシンボルや様々な色はその国の国民の潜在意識の総体を表現しています。「日出ずる国」の意識はかなり早くから日本人の中に芽生えていたようです。

歴史的な起源をさかのぼると、この「日の丸」のデザインはかなり古く、国内で発掘された土器の一部にも模様としてすでに広く用いられていたようです。太陽を霊的な象徴として日常の生活用具にも使っていたのです。

飛鳥時代には国号を「日本」と命名し、太陽旗として「日の丸」は意識されていました。その後に朝廷は「赤地に金」を御旗として使っております。「白地に赤」は最初に源氏が用いたという説もありますが定かではありません。

江戸時代には幕府が公的に用いるようになるほど広く普及・定着し、琉球王国でも交易船に掲げていたのが史料によって確認されています。さらにシャム王国の傭兵軍団を率いて二度もスペインの軍勢を撃退した山田長政もこの日の丸を使っていました。

霊的に見ますと、**日の丸の白地は一点の曇りもない愛の心（白光）をあらわし、赤い丸は太陽です。**

豊臣秀吉の母はお腹に子を宿していた時、太陽が口の中からお腹に飛び込んでくる夢を見たといいます。後に天下人となる秀吉を産んだのです。

日の丸（日輪）は日本民族の祖先が長い間太陽神をあがめていた頃の潜在意識があらわれたもので、日章旗は「一点のくもりもない心に神が顕現する」という表現なのです。さらに能動的に「一点のくもりもない心に磨きあげ、神を己の内に顕現させよ」と言っているのです。私はこの旗を世界一美しい国旗であると思っています。

あなたが日の丸を好きか嫌いかは別にして、日章旗にはこうした意味が込められており、私たちの潜在意識には強く響いているのではないでしょうか。

数霊《かずたま》の神秘

問　私たちは日々「数字」に囲まれて生活しており、数字なしで過ごすことは考えられません。数字のもっている意味について教えてください。

答　数にはそれぞれ意味があります。七という数字は宇宙をあらわすと共に人体のチャクラの数であり、キリスト教の七色の翼、日本の七福神、北斗七星というように幸運のイメージに包まれています。

八は無限の力を象徴し、霊的な意味を持っており、さらにピラミッドをも象徴しています。何故、ピラミッドが無限の象徴なのでしょうか。

エジプトカイロ近郊にあるギザ台地のピラミッドは、四角錘を逆にした同じ形状のものを地下にイメージすることで出来上がっています。このソロバンにも似た形状によってエネルギーが増幅する仕組みが備わっているのです。ある場所にほんの少しのエネルギーが加わることで収縮と拡散を繰り返し、無限のエネルギーがピラミッドの頂上から放出され、それが継続していく仕組みです。従って

無限の象徴がピラミッドなのです。

この一連のメカニズムは宇宙の意志を反映するものでもあり、放射されたエネルギーがピラミッドの頂上から宇宙へと広がり、宇宙から見た灯台のような目印ともなるように作られたのです。

七や八とは逆に、一般の人は四、九、一三などの数字を敬遠する傾向があります。四、九、一三はそれぞれ、「死」「苦」「ゴルゴダの丘の一三階段」などを連想するからだと思いますが、四は安定や繁栄という意味も含み、九はカルマを超越する

神秘的な象徴で完成という意味もあります。

一三は聖なる数字でむしろ吉意を含んだ数字です。キリストが亡くなったのも一三日と言われておりますが、時としてこの世の常識は真理から見た場合、非常識であることも多いのです。

一三という数字は「全一体の悟り」の世界を示し、すべてを超えた視点を持つことを意味しています。「一三」という数字のように、聖なるもの、宇宙の神秘をあえて隠すために逆のイメージが世の中に流布されているということはたびたび見られます。

また大地震や大事変などといった重大な異変が発生する一定期間前から、事象とは直接関係ないと思われるデータ上の特定の数値が急激に上昇するなど異常な動きをしたり、確率の変化が繰り返しあらわれることがあります。そして、ある特異な現象が周期的に特定の期間の中で起こりやすいということも実際にあります。

親族の命日が不思議と特定の日に限定されるといったこともあるのです。

しかし、私たちはそうした傾向一切をこえて、すべての数字を祝福していくという姿勢こそ望ましいのではないでしょうか。

「桜に錨」の深層

問　日本には夥しい種類の「家紋」があり、西洋の「紋章」と共にデザイン研究家にとって興味の対象となっています。デザインというものにかくされた意味についてわかりやすい例で教えていただきたいと思います。

答　「若い血潮の予科練の、七つボタンは桜に錨」で知られる「予科練の歌」は戦意高揚映画『決戦の大空へ』の主題歌で昭和一八年に発売され、以来多くの方に歌われてきました。

予科練の制服である「短ジャケット七つボタン」が制定されたのが昭和一七年

一一月一日のことです。戦局のターニングポイントとなった「ミッドウェー海戦」が日米の間で戦われたのが、昭和一七年の六月のことです。緒戦に次々と勝利を続けていた日本の勢いも多くの空母を失った「ミッドウェー海戦」の惨敗により止まり、消耗戦のきざしが見え始めた頃に制定されたのです。消耗戦とは人的被害も急速に拡大していくということです。

「『七つボタン』は世界の七大洋を表し、海を越えて大空を駆け巡る大いなる期待が込められている」と予科練平和記念館のホームページにはあるようですが、深層心理からみると七つボタンは人体にある七つのチャクラを、さらには宇宙をもあらわしているのです。

そしてボタンのデザインの「桜と錨」は、「悟りと大海」という意味なのです。御存知のように冬の寒さに耐え、満開の花を咲かせ、一気にいさぎよく散る桜は日本人の心の象徴とされてきました。「桜」＝「悟り」です。**悟りの象徴である桜にしっかりと錨を下して揺るがないという意味が込められているのです。**無限という大海に錨を下ろすのです。

製作者がこうしたことをわかっていたか、無意識で作ったかは今となっては知りえませんが、深層心理が強く働いていたとしか思えません。

そのデザインを見た人は、製作者が深層心理によって作り投げかけた意図の本質を、同じく自らの潜在意識で一瞬にしてキャッチしてしまうのです。優れたデザインとは、シンボリックな図形を組み合わせ「人を誘導する」という概念を超えた意図せざる意図によって作られているといってもいいかもしれません。

人間というものは不思議に極限状況に近い心理状態や時代状況をむかえるようになるとこうした能力を発揮できるようになるものです。

四月は桜が満開の季節で、悟りそのものの中で入学式を行うのが日本という国のしきたりであり、秋入学の試案も出されているようですが、入学式の時期の変更は望ましくないと考えます。

供養の本質を知る

問　皆さんそれぞれに故人の供養はおこなっていると思いますが、供養の本質、そして正しいあり方について教えていただけないでしょうか。

答　現界に住む私たちが故人の魂とどう向き合っていくのがいいかというテーマは、誰しもが一度は考えたことがあるのではないでしょうか。

立派な葬儀を行い、お彼岸やお盆にはお墓参りに行き、献花と共に合掌し、故人に思いを寄せる、節目にあたっての法事もおこない、毎日、家の仏壇に水やお線香をあげる――これらは、祈りを故人に伝えようとする行為としては素晴らしいものであると思います。

祈りは「意乗り」であり、本当に心のこもった祈りはあの世にいる故人の魂に通じ、あの世での向上を勇気づけるコミュニケーション手段となります。しかし、故人がむこうの世界でどのような歩みをするかはあくまでも故人の魂次第であり、これは厳然とした事実なのです。

私の母は二九年前、父は五年前にそれぞれ亡くなっています。母が亡くなった時、私は地方のセミナー会場におり、父の時にはインドにいて、いずれも死に立ち会うことができませんでした、
妹はそれ以来、今に至るまでていねいに供養をしてくれています。ありがたいことです。心から感謝しております。

しかし、供養とは何かをお話ししなければなりません。

供養は「供え養う」と書きますが、すべてを供え養うのは誰か、命を与えている神なのです。生きている人間が何を供養できるのでしょうか。故人に対してこの世とあの世の仕組みを説き、教え諭すことが供養する側にできるでしょうか。宗教家が宗教を知っているとは限らないのです。

祈りによって愛の念を送り、励ますことは素晴らしい行為ですが、あの世ではあくまでも故人の魂自身の意識と努力、さらにはあの世の導き手によるところが大きく、親族の供養が必ずしも故人の魂を向上させるわけではありません。

私は幽界も霊界も意識を変えれば見ることができますが、残念ながら父母は昇天も成仏もしておらず、まだ幽界におりました。

肉体を去り、あの世に行ってから昇天、成仏する者は少ないのです。この肉体を脱ぎ捨てる時にこそ昇天、成仏する可能性が高いのです。

錯覚から覚めよ、幻覚から覚めよ、そして命という本質を知ることです。

ピラミッドを作っている巨大な岩もいずれ砂にかえります。あるものは老いず、死にもしません。病み苦しむこともありません。見えないものこそあるもので、見える、触れるというのは結果という現象であり、幻影にすぎないのです。

無限の知恵、光、愛は内在の命そのもので、すべてを生かし、一瞬たりとも休まずとぎれることがありません。内在する命こそ本質なのです。その本質を生かしているのが神であり、命を変えうるのは命自身なのです。

イエスの御姿

問　先生は明想中にイエス・キリストの御姿をご覧になられたことがあると伺いましたが、その様子をお聞かせください。

答　三十数年前のことになります。私が明想中、深い段階に入った時に、かなたからぼろぼろの布を身にまとい、誰が見ても一人の乞食にしか見えない貧相な男がゆっくりとその姿をあらわしたのです。しかし、その人物からは無限とも思えるまでの愛に満ちた波動が放たれており、私はまもなくその実体がイエス・キリストであることを理解することができました。

その瞬間、みすぼらしかった姿は私たちが絵画などで目にする白光をまとう姿に変わり、「よく見抜いてくれた」と語りかけてくれたのです。

このように、形を形としてだけ見ると誤りをおかしやすいものです。目の前の姿は、あなたが学習するためにあらわれた姿であるのかもしれません。これは明想の中だけではなく、日常の中、目の前にあらわれた人に対しても言えることです。その人はあなた自身をさらに磨き上げるための砥石であり、鏡であるかもしれないのです。

二千年ほど前、ローマ帝国の支配下であったユダヤの地において、ザカリアを父とし、エリザベツを母として大天使ガブリエルの予言通りに洗礼者ヨハネが生まれます。そしてエリザベツの親類であるナザレに住むマリアの前にも同じく大天使ガブリエルが現われ、「神の恵みで子を授かり、イエスと名付けられ、ユダヤを永遠に治める」と告げます。

聖母マリアは聖霊につつまれイエスを宿し、やがてベツレヘムでイエスは生を受けますが、これは太古に人間が何千才になっても子を授かることができた頃、互いの額に意識を集中し、思いを結晶化して子を授かっていた時のプロセスそのものです。

イエスがこの世におられた頃の布教は、他の聖人がそうしていたように、説話と癒しと祈り（明想）の三位一体でおこなっていました。イエス一行が布教のために村々に入る時には皆で踊りながらと賑やかな時もあり、集会の様子もユダヤ教のそれとは趣が異なるもので、その異質さが既存勢力の反発を招く一因となったのです。

イエスの記録を綴ったヨハネ、マルコ、マタイ、ルカの共観福音書（新約聖書）には共通点と共に微妙な差異もあります。それぞれの心の鏡の磨き方に応じて、注意をひくところが違い、捉え方が異なってくるからです。しかしその多面性は、真我からのメッセージをより正確に表現するために必要なものでもあるのです。

イエスに対して私たちが抱くイメージは、ビザンチン以降の聖画家の手によって定着した部分が多いといえますが、実際の風貌は当時の典型的なユダヤ人のものであり、アジア系の印象も含まれているものです。

ある人は私を見て「怖い」と表現しますが、その背後には人間意識を超えた存在がいることを理解していただきたいと思います。数十年という歳月を通じ、命をかけて心身共に清め、神を顕現する媒体となれたことを悟っていただきたいのです。

睡眠中は誰も自分が男であるか女であるかを知りません。ちょうど男が女に扮しても本身はあくまでも男であるように、魂はこの世に生まれて男や女に扮しますが、魂は依然として魂であって男でもなければ女でもありません。魂は不変にして変幻自在な神の似姿なのです。このことを心から理解していただきたいと思います。

ＵＦＯとの距離

問　私もこれまでに何度かＵＦＯを見たことがありますが、ＵＦＯ（未確認飛行物体）に関して、先生の体験も含めてお聞かせください。

答　私はＵＦＯの定義そのものが難しいと考えますが、私が実際体験したものの中から二つのケースをお話いたします。

一度は海に面した沖縄・恩納村のペンションの屋上から四十数名ほどと一緒に見たことがあります。

四方八方が黄金色の光に包まれた中に麦わら帽子のような形をしたＵＦＯを見ました。山をものともせずに突き抜けて進んでいく様子から、それを作る技術は地球の科学とはレベルがまったく違うもののように思えました。

一方、山梨では沖縄で見たものよりは小型のものを真近で見ることが出来ました。一帯ではＵＦＯを目撃する方が少なくないということですが、その時はＵＦＯの至近距離まで近づきましたが、「中に入って様子を見、スケッチでもして…」と考えた瞬間、その思いに反応して目には見えないバリアのようなもので周囲を包んだのか、一定の距離のところで私の足が止まってしまい、それより先へ行くことはできませんでした。中に入るにはこちらの意識を変える必要性があるとすぐに直感しました。

宇宙の生命体には物質を伴わない意識体だけのものもあり、自分の意志の力でその姿を自由に変化させることができるのではないかと思います。物質と非物質

（心）の概念は現界のそれとはまったく異なっており、意識体そのものがＵＦＯである場合も多いのではないかと考えます。

物質、非物質両方に自由に変換でき、半透明の光にもなりうるものが多いのではないでしょうか。姿を消すことも隠すこともでき、中にはより単純な光のエネルギー体としての存在もあるのではないかと思います。

私の受けるところでは、ＵＦＯは決して高い波動のものばかりではなく、低い物質界や非物質界から現界に姿をあらわしているものもあり、それらの一部が人類にとってネガティヴな波動を出しているように思います。

しかし、宇宙の中ではこのネガティヴな存在さえも学びの対象とみなければなりません。ネガティヴの反対がポジティヴとは限らず、さらに「善」であるとは限りません。「善」そのものもそして他の尺度も相対的なものを含んでいることがあり、定義は立場や進化によって変わるものです。「進化」というものにしても一方向だけとは限らないのです。私たちは流動的な多様性の渦の中で学び続ける存在といえます。「一命一体」「自他一体」「全一体」なのです。

結界とパワースポット

問　「パワースポット」と呼ばれている場所を尋ねるのが流行になっていたり、「結界」に関して興味を持つ方が増えてきていますが、先生の御意見をお聞かせください。

答　天と地からエネルギーを享受できるパワースポットは日本中、世界中にあります。沖縄各地にある拝所である御嶽《ウタキ》にも、神社、仏閣にもエネルギーの高いところはたしかにあります。

世界を見渡してもルルド、セドナなど数え上げればきりがなく、その由来もエネルギーの質も様々です。

本来、神社は私たちの意識が根源に通じる場所でした。しかし現在は、人間がお願いごとをするあまり、よからぬものが集まっている場所になっている所も中にはあります。参拝者の放つ欲望の念に引き寄せられるように欲望の霊が集まってしまっていることもあるのです。しかし、心を愛で満たしていれば悪いものを招くことはありません。

パワースポットとは自分の中にこそあり、我が命こそパワースポットなのです。

神社では御祭神にお願い事をする方が多いと思いますが、まず己の中の神が正され、神社に祭られている御祭神が、正された心に感応するという形をとらなければなりません。正された姿が神を招くのです。

古都京都に長きにわたって張られた結界や天海僧正によって張られたという江戸の結界は有名ですが、伊勢神宮をはじめ紀伊半島までをも含んだかなり広い範囲を守護する結界もあるといいます。倭姫《やまとひめ》様らによって二十九の霊的拠点を結んだ五十の三角形による神の道で天皇家を守る結界ともいわれています。天皇家はそのバリアーである結界から出、東に向かったという解釈をしている方もいます。

結界は広狭に関係なくつくられ、神社では鳥居の中が一つの結界です。自宅で「盛り塩」や石の組み合わせや配置によって結界をつくる方もいます。

その際、水晶の扱いには留意してください。水晶はエネルギーを増幅させやすく、特に丸い玉の水晶は良い心の方が持つのは問題はなく、幸運を招きやすいのですが、逆の場合は注意が必要です。

「写真」「図案」など思いが込められたものを媒体に使うことで自らの意識を拡張させ、エネルギーの高まりで自身や一定のエリアを守護する方法をとる方もいます。

結界とは究極的には「我は真なり」という思いを込めることでつくられるものなのです。

三猿の本義

問　徳川家康公の廟である日光東照宮に彫られた三猿ですが、廟の装飾として彫られているところから考えて深い意味があるのでしょうか。

答

シルクロード全域に類似の言い伝えがあり、一般的には論語の「非礼勿視《ひれいぶつし》」、「非礼勿聴」、「非礼勿言」、「非礼勿動」が元となって、日本の留学僧を通して簡略化して広がり、「三猿」として定着していったとされています。

しかし、そこには隠された意味がしっかりとあるのです。

「見ざる」は見るなということではなく、目にするものすべてに神の愛が備わっていることを知りなさいという意味が込められています。

同様に「聴かざる」とは耳を塞いで聴くなということではなく、どんな悪口の背後にさえも神の愛の波動があることを知りなさいという意味です。

さらに「言わざる」も話すなということではなく、人の非難をしてはいけません、神としての美しさを表現するよう言葉を選択して使うことを心がけなさいということなのです。

私は「思いがあればこそ悟れる」と思っていたところ、中国では「思わざる」もあることを知りました。「猿」はこうしてどんどん増えていきました。

すべて口に入れて味わうことなく否定するのは好ましくありません。口に入れて言えるのです。

て味わってみてこそわかるものです。私は本質を知っているからこそ自信をもっ

ものごとには必ずといっていいほど「隠された意味」があり、そこには真理が潜んでいるのです。日々の報道一つをとりましても、一つの事件や紛争の奥には多くの意味が含まれ、それが原因と結果の集積であることがわかるものです。それを理解していくということは、根源に近づくということでもあるのです。明想の中だけではなく、社会の中の事象からも根源に迫る機会が私たちには与えられているのです。私たちが気づくかどうかにかかっているのです。

決してものごとの裏を読みなさいということではなく、その真意を見抜き、腹の底に落としたら軸をずらさずに生き抜きなさいということです。

「一般的に良いとされるもの」と「自分に合うもの」とは違っていることが多いものです。生来のアレルギー体質から特定の物質を受けつけられないという方もいます。生き方や波動の違いで趣向が全く異なってくるものです。食品や温泉の泉質、そして友人を選択する場合にも自分が体験した中での「思い」を見つめ、

心にしたがって判断されてゆくのが良いと思います。
真理こそ無限の至福へと導く宝です。

神の島

問　地図を眺めると、世界の縮図が日本、そして日本の縮図が沖縄ではないかと思うことがありますがいかがでしょうか。

答　私たちが沖縄でのセミナー会場の一つとしているのが今帰仁《なきじん》というところです。今帰仁城近くにはクボウ御嶽《ウタキ》があります。仁は神です。その今帰仁から橋を渡って行けるところが古宇利島で、島には「アダムとイヴ物語」によく似た伝説が残っています。

「大昔に天から男女二人の子供が降りてきた。毎日天から降ってくる餅を拾って食べていたが、ある日から少しずつ餅を蓄えるようになった。それを神が怒り、二度と餅が降らなくなってしまい、二人は魚や貝を採って生活するようになった。ある時ジュゴンの交わりを見て、互いが裸でいることが恥ずかしくなり、クバの葉で隠すことにし、次第に子孫が増えていった」というものです。

旧約聖書に出てくる出エジプトを果たしたユダヤの民に降ってきた食糧である「マナ」は餅のようなものではなかったかという説もあり、興味深い伝説です。

沖縄にはノロ、ユタなどの霊的伝統があり、特にユタは一般の方々の生活の中に深く浸透しています。斎場御嶽《セーファーウタキ》から東に久高島が見え、その先にニライカナイ（あの世）があると沖縄では古くから考えられてきました。

久高島にはアマミキヨ、シネリキヨの男女二神が最初に降りたという伝説があり、島全体が神聖な土地で、かつては琉球王朝の神事も執り行われていました。神はこの久高島に降りたあと浜比嘉島へ移ったとの言い伝えもあります。

本島北端の辺戸岬の近くには安須森御嶽《アシムイウタキ》があり、斎場御嶽などと共に七御嶽といわれています。

天には北斗七星が燦然と輝き、私たちの身体には七つのチャクラがあります。そして地には七つの聖地があります。**沖縄にも七つのチャクラと言ってもいい聖地がありますが**、それが七つの御嶽と重なっているかどうかは申し上げることができません。

沖縄が「神の島」であるとして、何故、薩摩に攻められ、アメリカ軍によって徹底的に痛めつけられ、現在でも広大な基地と共存しなければならないのかと疑問を抱く方もおられると思います。しかし**「神の島」だからこそその秘密がそこにはあるのです。**

数年前、使える御魂を探して神は琉球上空を黄金の輝きとともにゆっくりと旋回していました。「飛びこめ！」という神の声に応じて夥しい数の魂が挑んだもののの次々に跳ね飛ばされていくのが見えました。「上江洲よ、飛び込め」と重々しい声で促されたのですが、その時はできず、今に至っております。「何故、琉球か？」と私は尋ねましたが、神はそれに答えることなく悠々と飛び去っていきました。

あとがき

ある日、上江洲義秀先生が十数年間の明想を続け完全覚醒に至ったという真栄田岬を訪れました。那覇から北上し、車で約一時間ほどのところにある岬の一角に明想の地がありました。

崖を背にしたなだらかな傾斜地の芝生は柔らかく、同行の方々と思い出の場所で結跏趺坐を組んだ時には何かに包まれたような心地良さを感じました。

岬から見える海は太陽の光に照らされて美しく輝き、遠くには本部半島が臨めました。

近くには精神科医として幅広く活躍されている越智啓子先生の癒しと遊びの広場「天の舞」が海辺の小高い丘の上にありました。偶然、東京から移り、岬の近くに開設されたそうです。

この一冊はごく普通の人間が、明想から日常の様々なことまでの疑問を上江洲先生に問い、それに答えるという形式をとっています。最近の光話の中で語られている内容を軸に、先生の考えをお聞きして加え、まとめさせていただいたものです。文中には言い足りない部分、曲解もあるかと存じます。今後とも、精進して参りたいと思いますので、寛容の心をもってお許し願いたいと存じます。

霊的能力が開かれていて既に高い境地におられる方、長い間先生の元で学んでいる方にとってはもの足りない部分もあると存じますが、あたたかく見ていただき御指導願えればと思います。

本書の中では先生が日々の光話の中で語られているいくつもの至言が随所に散りばめられており、皆様にとって何らかの「気づき」になるものがあると思います。

特に「我は神なり」「我は命なり」「我は愛なり」「我は光なり」の言霊は力強く、思いをこめて何度か発するうちに波動が変わり、勇気が湧いてくるように感じます。

御縁があって敬愛する友人を介して先生に知己を得てから日が浅い身ではあり

ますが、その間、不思議な体験をいくつもさせていただき、これまでの人生の中でお会いできた能力者の方々の中でも特別な方であるとの印象を持ちました。これほどの方が日本におられたこと自体、驚き以外の何ものでもありません。

光話の際や直接お話を伺っている時の先生の心は、勢いよく流れ落ちる滝のように、またある時は磨かれた鏡のように静まりかえっている湖面のように感じられ、目は慈愛に満ちているかと思えば鷲のように鋭い時もあり、そのいずれもが先生の姿であると思います。

無限向上の旗を高く掲げ、どこまでも飛翔しようとする魂の戦士のようでもあります。私はそこに透徹した真理を人々に説いた洗礼者ヨハネや多くの民を率いたモーセの姿さえも感じるものです。

実際の光話では先生の迫力が直接伝わるため、より高い波動を感じることが出来るのではないかと思います。

御興味があれば近くのセミナーに参加していただき、皆様の中で許される範囲で先生と接していただければ幸いです。

本書の出版を快諾していただいた株式会社青萠堂の尾嶋四朗社長、上江洲先生の側で日々補佐され、たび重なる質問にも応じてくださった中村元子さん、そして各地で光話を主催され、先生を支えてくださっている皆様に心から感謝申し上げます。

そして何よりも本書の製作に携わることのできた幸運に感謝いたします。

編者代表　ラウル・イクセンバーグ

◆編集後記◆

五十歳を過ぎ、ふと立ち止まって自分が歩んできた人生を振り返りつつ、残りの人生をどう生きるべきかを考えた時に、いろいろなことが脳裏をよぎりました。

「歴史を忘れた民族は滅びる。日本史、特に近代史をしっかり学べる場を作りたい」「両親の戦争体験をしっかりと子供たちの世代に伝えたい」「日本の元氣こそが世界の元氣を引っ張る。だから日本を元氣にしたい！」様々な思いが広がり、会社勤務の傍ら仲間が集って「日本元氣計画！」という任意団体で勉強会を始めたのが平成二十二年のことです。

私たちがご指導をいただいているラウル イクセンバーグ氏は経済的に成功され、同時にいわゆるスピリチュアルな世界に精通し、人間の精神性、生き方という分野で数々の助言をいただいて参りました。

ラウル氏もはっきり言って特異な能力の持ち主だと思います。初対面の方と五分くらい話をすると、その方が何を考え、どういう運命を辿るかがわかるというのです。

そのラウル氏が昨年出会って、「この方は本物だ」と師事し始めたのが上江洲義秀先生なのです。

上江洲先生は今までマスコミに登場することを避けてきた方です。本も出されていませんでした。「上江洲先生の教えを世にどうしても形として残しておきたい」ラウル氏の熱い思いが上江洲先生に届き、今回の出版に至りました。微力ではありますが、日本元氣計画のメンバーがお手伝いをさせていただける機会を与えていただいたことに感謝を申し上げます。

この本を手にとっていただいた方が、心の元氣を取り戻し、「こうしたら日本が元氣になるかな?」と日々の行動の中でふと立ち止まり、考え、行動していただけることを願ってやみません。

スピリチュアル研究班 班長　中村　崇（日本元氣計画！代表）】

◆「用　語」について

本書の文中で、著者の用語に以下の独特の表現があり、補足させていただきました。

・明想――一般的には瞑想

・光話――一般的には講話

・過去生――過去世、前世と同じ。本書ではできる限り過去生の表記で統一しています。

・霊・霊魂・魂――本書ではあえて厳密な使い方をしていない部分もあります。

・幽界――一般的な幽界、霊界

・霊界――一般的な天界、神界

・現界――この世、現世

――編集部より

上江洲義秀《うえずよしひで》プロフィール

1950 年沖縄の北谷町に生まれる。

幼少の頃から霊的能力に目覚め、様々な現象を周囲の人たちの前であらわす。

1965 年、アルゼンチンに渡っていた祖父の元に家族と移住。1972 年までおり、22 歳の時に帰国。

　明想中に内なる声に導かれ、宇宙意識に到達。

さらに真栄田岬にて十数年間、終夜明想を続け、完全覚醒。1988 年から山梨県に移り、そこを拠点として、日本全国、海外で光話、明想、ヒーリングを続ける。

編者紹介
ラウル イクセンバーグ
&スピリチュアル研究班

幼くして世界をめぐり、日本と世界の文化交流に興味を持ち精力的に活躍する。一方で、精神世界やスピリチュアルにも造詣が深い。大学院修了。政治学修士。日本はもとよりアメリカ、ブラジル、中国など１０数ヵ国を行き来する。日本国籍の国際的な視野を持つエッセイスト。上江洲義秀先生に出会い、感銘を受け、長敬とともに本書をまとめるために精魂を注ぐ。ラウル氏は本書のために、特別にスピリチュアルの研究プロジェクトを中村崇氏を中心に組織した。著書に『スピリチュアル地図の読み方』『スピリチュアルドリルの解き方』（共に小社刊）などがある。

上江洲《うえず》 義秀《よしひで》の解答《かいとう》

「気《き》づき」をあなたに

2016年5月31日　第1刷発行
2020年5月12日　第5刷発行

編　者　ラウル イクセンバーグ

とスピリチュアル研究班

発行者　尾嶋　四朗

発行所　株式会社 青 萠 堂

〒162-0808　新宿区天神町13番地
Tel　03-3260-3016
Fax　03-3260-3295
印刷／製本 中央精版印刷株式会社

ISBN978-4-908273-01-8 C0012

大好評!　ロングセラー

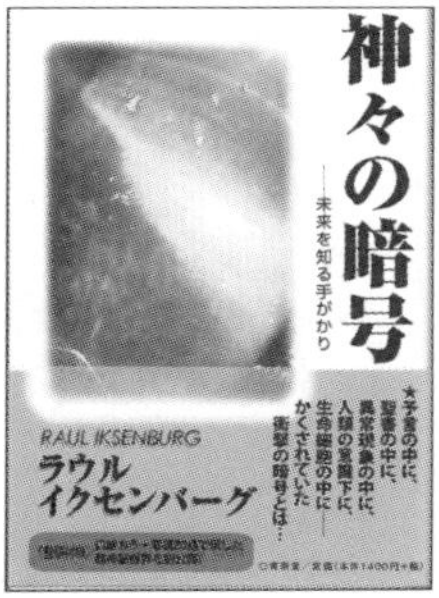

神々の暗号

――未来を知る手がかり――

ラウル イクセンバーグ

この宇宙からの暗号は、
我々に何を伝えようとしているのか？

定価1400円＋税　ISBN 978-4-921192-80-8

スピリチュアル ドリルの解き方

ラウル イクセンバーグ

地球人の進化はこれでいいのか。
科学と経験では割り切れない世界を解読する

定価1300円＋税　ISBN 978-4-921192-77-8

スピリチュアル 地図の読み方

――自分の霊性に目覚めよ――

ラウル イクセンバーグ

これがスピリチュアル世界への
ファーストコンタクト！

定価1300円＋税　ISBN 978-4-921192-58-7